BIBLIOTHÈQUE MÉDICALE

FONDÉE PAR MM.

J.-M. CHARCOT et G.-M. DEBOVE

DIRIGÉE PAR M.

G.-M. DEBOVE

Membre de l'Académie de médecine,
Professeur à la Faculté de médecine de Paris,
Médecin de l'hôpital Andral.

BIBLIOTHÈQUE MÉDICALE

CHARCOT-DEBOVE

VOLUMES PARUS DANS LA COLLECTION

V. HANOT. La Cirrhose hypertrophique avec ictère chronique.
G.-M. DEBOVE et COURTOIS-SUFFIT. Traitement des pleurésies purulentes.
J. COMBY. Le Rachitisme.
C. TALAMON. Appendicite et Pérityphlite.
G.-M. DEBOVE et RÉMOND (de Metz). Lavage de l'estomac.
J. SEGLAS. Des Troubles du langage chez les aliénés.
A. SALLARD. Les Amygdalites aiguës.
L. DREYFUS-BRISAC et I. BRUHL. Phtisie aiguë.
P. SOLLIER. Les Troubles de la mémoire.
DE SINETY. De la Stérilité chez la femme et de son traitement.
G.-M. DEBOVE et J. RENAULT. Ulcère de l'estomac.
G. DAREMBERG. Traitement de la Phtisie pulmonaire. 2 vol.
CH. LUZET. La Chlorose.
E. MOSNY. Broncho-Pneumonie.
A. MATHIEU. Neurasthénie.
N. GAMALEIA. Les Poisons bactériens.
H. BOURGES. La Diphtérie.
PAUL BLOCQ. Les Troubles de la marche dans les maladies nerveuses.
P. YVON. Notions de pharmacie nécessaires au médecin. 2 vol.
L. GALLIARD. Le Pneumothorax.
E. TROUESSART. La Thérapeutique antiseptique.
JUHEL-RÉNOY. Traitement de la fièvre typhoïde.
J. GASSER. Les Causes de la fièvre typhoïde.
G. PATEIN. Les Purgatifs.
A. AUVARD et E. CAUBET. Anesthésie chirurgicale et obstétricale.
L. CATRIN. Le Paludisme chronique.
LABADIE-LAGRAVE. Pathogénie et traitement des Néphrites et du mal de Bright.
E. OZENNE. Les Hémorroïdes.
PIERRE JANET. État mental des hystériques. — Les stigmates mentaux.
H. LUC. Les Névropathies laryngées.
R. DU CASTEL. Tuberculoses cutanées
J. COMBY. Les Oreillons.
CHAMBARD. Les Morphinomanes.
J. ARNOULD. La Désinfection publique.
ACHALME. Érysipèle.
P. BOULLOCHE. Les Angines à fausses membranes.
E. LECORCHÉ. Traitement du diabète sucré.
BARBIER. La Rougeole.
M. BOULAY. Pneumonie lobaire aiguë 2 vol.
A. SALLARD. Hypertrophie des amygdales.
RICHARDIÈRE. La Coqueluche.
G. ANDRÉ. Hypertrophie du cœur.
E. BARIÉ. Bruits de souffle et bruits de galop.
L. GALLIARD. Le Choléra.
POLIN. et LABIT. Hygiène alimentaire.
BOIFFIN. Tumeurs fibreuses de l'utérus.
PIERRE JANET. État mental des hystériques. — Accidents mentaux.
L. RONDOT. Le Régime lacté.
V. MENARD. La Coxalgie tuberculeuse.
F. VERCHÈRE. La Blennorrhagie chez la femme. 2 vol.
F. LEGUEU. Chirurgie du rein et de l'uretère.
P. DE MOLÈNES. Traitement des affections de la peau. 2 vol.
CH. MONOD et F. JAYLE. Cancer du sein.
BLACHE. Clinique et Thérapeutique infantiles. 2 vol.
P. MAUCLAIRE. Ostéomyélites de la croissance.
A. REVERDIN (de Genève). Antisepsie et asepsie chirurgicales.

POUR PARAITRE PROCHAINEMENT

LEGRAIN. Microscopie clinique.
H. GILLET. Rythmes des bruits du cœur (physiologie et pathologie).
G. MARTIN. Myopie, Hyperopie, Astigmatisme.
GUERMONPREZ (de Lille) et BÉCUE (de Cassel). Actinomycose.
ROBIN. Ruptures du cœur.
LOUIS BEURNIER. Les Varices.
G. ANDRÉ. L'Insuffisance mitrale.
A. MARTHA. Des Endocardites aiguës.
DE GRANDMAISON. La Variole.
ACHALME. Immunité.
PAUL RODET. Traitement du Lymphatisme.
A. COURTADE. Anatomie, physiologie et séméiologie de l'oreille.
J. COMBY. L'Empyème pulsatile.
P. BONNIER. Les Vertiges.
J. B. DUPLAIX. Des Anévrysmes.
FERRAND. Le Langage, la Parole et les Aphasies.
LECORCHÉ. Traitement de la Goutte.
J. ARNOULD. La Stérilisation alimentaire.
E. PÉRIER. Hygiène alimentaire des enfants.
J. GAREL. Rhinoscopie.

Chaque volume se vend séparément. Relié : **3 fr. 50.**

ANTISEPSIE ET ASEPSIE

CHIRURGICALES

PAR

LE Dr AUGUSTE REVERDIN

Professeur à la Faculté de médecine de Genève.

PARIS

RUEFF ET Cie. ÉDITEURS

106, BOULEVARD SAINT-GERMAIN, 106

1894

PRÉFACE

Lorsqu'un chirurgien de notre époque aborde des sujets tels que l'antisepsie et l'asepsie, il est séduit de prime abord, surtout s'il a connu les jours cruels où la chirurgie se débattait entre les cataplasmes et le cérat. Il a toujours présentes à l'esprit les circonstances dans lesquelles il a vu le talent de ses maîtres se heurter à des impossibilités matérielles ou se montrer impuissant devant les rigueurs de l'infection. C'est pour avoir assisté au réveil de la chirurgie moderne qu'il se sent heureux d'en raconter les merveilles.

On ne revient pas de si loin sans avoir la joie au cœur et le verbe à la bouche. Mais à ce premier moment d'élan fort naturel, en succède un autre; tel est du moins le sentiment que j'ai éprouvé en abordant d'enthousiasme, ce travail dans lequel je me propose de dire ce que je pense du progrès actuel.

Il est permis en effet d'hésiter lorsqu'il s'agit de mêler sa voix à celles si puissantes qui chantent depuis tantôt vingt ans les louanges de l'antisepsie. On a retourné avec tant de plaisir et dans tous les sens le nouveau-né, qu'on a quelque scrupule à le déranger encore.

A ces hésitations vient se joindre aussi la crainte des vaines redites; et, pour peu que le souci des priorités vous obsède, on se demande en conscience s'il ne vaudrait pas mieux se taire.

Mais la science progresse sans cesse et le livre d'hier a déjà du retard sur celui de demain.

Refaire un volume sur l'antisepsie et l'asepsie en adoptant le plan qui a déjà été suivi avec une certaine discipline, par la plupart des auteurs, serait, j'en conviens, fort superflu; mais il n'est peut-être pas absolument indispensable de parcourir servilement le chemin battu; et si, m'en écartant quelque peu, la bonne cause m'en devait le moindre profit, je serais largement récompensé de ma peine.

Je me dispenserai donc de passer en revue tous les antiseptiques connus, y compris ceux qui n'ont fait qu'apparaître un instant sur la scène; de les décrire comme on les trouve décrits dans tout ouvrage de chimie, d'en dire l'activité relative à chaque espèce de microbe, comme on l'a déjà maintes fois établi dans livres et journaux.

Des tableaux d'une exactitude presque mathématique ont été dressés à ce sujet, mais leur place toute désignée est celle qu'ils occupent dans les ouvrages de bactériologie et il serait bien inutile de les recopier. Pour les mêmes motifs, je passerai sous silence l'énumération des doses d'antiseptiques nécessaires à conserver l'intégrité des bouillons de culture.

Mes lecteurs voudront bien ne voir en moi que le chirurgien et ne point me prendre pour un bactériologiste, non plus que pour un chimiste ou un physicien.

Me plaçant autant que possible sur le terrain de la pratique, je me laisserai aller volontiers à mes impressions, m'étendant avec complaisance sur certain chapitre parce qu'il me paraît présenter un intérêt spécial, ou par le fait que mes études m'ont poussé à le mieux connaître ; quitte à sacrifier tel autre par la simple raison qu'il m'est moins familier. Si, durant cette causerie chirurgicale, je m'écarte momentanément de son objet principal : l'examen des problèmes de l'asepsie et de l'antisepsie, mes lecteurs voudront bien me le pardonner en songeant que je redoute avant tout d'être aride et monotone.

Antisepsie et asepsie sont sœurs. Non sœurs jumelles sans doute, car la première est de beaucoup la plus âgée, mais sœurs cependant fort difficiles à séparer.

On ne saurait toucher à l'une sans effleurer l'autre, ni prétendre apprécier celle-ci sans connaître celle-là. Nous verrons donc, au cours de cette étude, ces deux méthodes siamoises se succéder tour à tour, se dépasser ou s'attendre, mais ne se quitter jamais.

Comme deux images qui se superposent, elles apparaîtront par moments réunies, pour s'effacer bientôt au bénéfice de l'une ou de l'autre.

Chacune d'elles a cependant sa route bien tracée et ce que l'asepsie ne peut réaliser, l'antisepsie s'en charge.

L'antisepsie est la force, un peu brutale parfois; l'asepsie, plus délicate, s'efforce de protéger sans nuire, aussi ne sauraient-elles convenir également à tous les tempéraments chirurgicaux; il en est qui seront toujours portés vers la manière forte, tandis que d'autres, plus délicats, apprécieront mieux la douceur des touches fines.

On pourrait dire aussi que l'antisepsie est chimique, tandis que l'asepsie est physique.

Ceci fait déjà prévoir que toutes deux ont sans doute encore de longs jours à vivre, qu'elles méritent donc plus que jamais d'être étudiées. Notre tâche, après avoir approfondi leur connaissance, sera surtout de distribuer à chacune son rôle avec discernement.

Il découle de cet exposé sommaire que le livre que j'écris n'a point la prétention d'être un traité complet; il vise simplement à enregistrer quelques-uns des meilleurs procédés actuellement reconnus favorables à la prompte guérison des malades; et s'il a pour titre : Antisepsie et asepsie chirurgicales, c'est parce qu'autour de ces notions nouvelles gravite toute la chirurgie.

Tout converge en effet vers ces données modernes : procédés opératoires, pansements, instruments, etc..... il n'est pas un des moyens dont la chirurgie dispose qui ne subisse leur influence, pas un, par conséquent, dont il puisse être fait mention sans parler d'elles.

ANTISEPSIE ET ASEPSIE
CHIRURGICALES

I

ORIGINES DE L'ANTISEPSIE

Guérison spontanée. — Force végétatrice. — Neddham et Spallanzani. — Poison putride (Gaspard, de Saint-Étienne). — Germes de l'air (Schwann et Schulze, Tyndall). — La fermentation alcoolique est déterminée par des organismes vivants (Cagnard de la Tour). — Sulfate de Sepsine (Bergmann et Schmiedeberg). — Le poison putride procède de germes (Panum). — Spécifité des germes (Pasteur). — Théories chimiques (Lavoisier, Liebig, Berzélius). — Les liquides de l'organisme ne renferment pas de germes (Pasteur). — Application des notions nouvelles à la chirurgie (Lister).

La question de la fermentation, de la putréfaction, comme celle de l'origine des maladies, resta durant des siècles l'objet des curiosités et des recherches des savants. Il ne rentre ni dans mon but, ni surtout dans le cadre de cette étude, de passer en revue toutes les phases de cet effort scientifique ; mais il me semble indispensable néanmoins, avant d'entrer dans le vif de mon sujet, de jeter un rapide coup d'œil sur le combat classique que les diverses écoles se sont livré dans ce domaine.

Vers la fin du xviie siècle, la découverte du microscope permit d'entrevoir tout un monde nouveau d'organismes inférieurs.

Cette découverte donna un nouvel essor à la théorie de la génération spontanée

On admit que ces infiniment petits étaient de la matière organique animée par la force vitale, et on n'hésita pas à leur accorder la propriété de naître de toutes pièces, sans parents, sans aïeux, à la faveur de forces mystérieuses, sur la nature desquelles planait, cela va sans dire, un doute plus que philosophique.

La force végétatrice fut admise, et Needham s'efforça de démontrer son existence.

Ayant entrevu que la chaleur pouvait détruire la vitalité de ces organismes, il chauffa ses infusions. Mais, si l'idée était juste, la manière de procéder se montra défectueuse.

Le savant anglais ne poussa l'élévation de la température ni assez loin, ni assez longtemps, pour rendre ses milieux *stériles*, comme on dirait aujourd'hui; aussi, voyant des organismes s'y développer de nouveau, en tira-t-il la conclusion, fort logique en apparence, que le développement des animalcules microscopiques est le résultat de la force végétative inhérente à toute matière organique morte, et non le fait du développement de germes déposés ou préexistants.

Malgré la grande autorité de Buffon, qui épousa cette opinion, le génie de Spallanzani eut raison de ces résistances.

L'illustre expérimentateur fit la preuve que Needham n'avait point suffisamment stérilisé ses milieux, et qu'une élévation de température beaucoup plus considérable et plus prolongée était nécessaire pour y parvenir.

La résistance spéciale, que nous savons aujourd'hui être liée à certaines formes durables des microbes, fut déjà reconnue par ce savant illustre. Après expérience, il divisa en deux catégories les organismes qu'il trouvait dans les infusions :

Organismes d'ordre supérieur (correspondant aux infusoires), détruits par des températures relativement faibles ; et *organismes d'ordre inférieur* (les microbes) capables de résister pendant un temps assez long à l'ébullition.

Par sa fameuse expérience des seize flacons, il démontra en outre que « le nombre des animalcules qui se développent dans les infusions stérilisées est proportionnel à la communication qu'il y a entre l'air extérieur et les infusions ». C'était nettement asseoir les bases de l'asepsie par la chaleur, comme celles aussi de la théorie des germes.

Malgré Spallanzani et ses démonstrations pourtant si nettes, la notion de la génération spontanée conservait encore de nombreux adeptes.

On avait peine à admettre le rôle actif et exclusif des germes dans les phénomènes de la putréfaction ; la tournure des esprits poussait plutôt à se retrancher toujours dans des données abstraites, ou à verser du côté des sciences chimiques fort en honneur alors.

Je n'en veux pour preuve que les conclusions de Gay-Lussac, consulté par le gouvernement français, à propos du nouveau procédé de conservation des viandes (procédé Appert).

Le grand chimiste, faisant abstraction complète des germes dans les phénomènes de putréfaction, déclara que l'absence de l'oxygène, constatée par lui dans les bouteilles soumises à son analyse, expliquait à elle seule la conservation des matières animales ou végétales qu'elles renfermaient.

Il n'était donc plus question de l'influence des germes ; la théorie chimique occupait la place d'honneur, comme le prouvèrent encore les expériences de Gaspard, médecin à Saint-Étienne en Bresse.

Il professait l'opinion que la putréfaction et l'infection résultaient de l'introduction dans le sang d'un poison, auquel il donna le nom de *poison putride*.

Recherchant quelle part il fallait accorder aux gaz dans la genèse de ces phénomènes destructeurs, il recueillit et injecta séparément ces gaz à des animaux.

Il conclut de ses expériences que l'acide carbonique et l'hydrogène sulfuré n'étaient pas toxiques, tandis que l'ammoniaque tuait rapidement les chiens injectés.

Mais il vit très nettement que la mort dans ces conditions n'était point accompagnée des mêmes symptômes que celle qui survenait à la suite de l'infection putride.

C'était un coup porté à l'opinion régnante, qui voulait que les émanations de gaz fétides fussent capables à elles seules de provoquer les accidents si redoutés des fièvres putrides.

Il faut encore citer Schwann et Schulze qui montrèrent que l'air peut rester en contact constant avec des liquides organiques, à condition que ces liquides soient stérilisés, et que l'air lui-même soit dépouillé de ses germes par un moyen quelconque : filtration, calcination, passage à travers des solutions de potasse caustique ou d'acide sulfurique.

A ces expériences pourtant si démonstratives, on

objectait que les conditions normales étaient changées, que l'air était modifié et dénaturé, de telle manière que sa force vitale lui avait été retirée par les manipulations opérées.

Nous verrons bientôt comment Pasteur renversa cette théorie.

Je ne saurais omettre dans cette revue, forcément écourtée, le nom du célèbre Cagnard de la Tour.

En 1837, il déclara que la levure de bière n'est point une substance chimique inerte, mais qu'elle se compose de petits corps organisés, capables de se reproduire, et appartenant probablement au règne végétal. On doit donc attribuer à Cagnard de la Tour la découverte de la fermentation alcoolique, puisqu'il établit nettement, entre la présence de ces corps vivants et la fermentation, la relation de cause à effet. Peu de temps après, Schwann reconnut à son tour la présence de ces petits corps arrondis d'origine végétale, et arriva aux mêmes conclusions que Cagnard de la Tour.

Tandis que la théorie des germes, étayée sur les nombreux travaux et les fécondes découvertes dont nous venons de donner un trop court aperçu, faisait de rapides progrès, les partisans des théories chimiques ne désarmaient pas. Ils continuaient à chercher les preuves à l'appui de doctrines qui, disons-le en passant, contribuèrent trop souvent à enrayer le développement des idées nouvelles, et à faire repousser la notion de la spécificité des éléments figurés dans l'étiologie des septicémies et des autres maladies infectieuses.

Citons encore la lutte épique soutenue par Pouchet et les partisans de la génération spontanée contre Pasteur et les Panspermistes.

N'oublions pas qu'à cette époque, tout ce qui ne rentrait pas dans le cadre des maladies bien définies, telles que fièvres éruptives, pneumonie, pleurésie, etc..., était impitoyablement confondu sous le nom de fièvres putrides!

Cherchant toujours quelle pouvait bien être la cause de cette putridité, on tâchait de la découvrir surtout dans les produits provenant de la viande pourrie.

Ce fut par des travaux dirigés dans ce sens que Bergmann et Schmiedeberg (1866) découvrirent un corps nouveau, le *sulfate de sepsine*.

Je n'entrerai pas dans les détails des préparations destinées à obtenir, sous forme cristalline, ce produit extrait des viandes putréfiées. Je me borne à rappeler que l'injection d'un centigramme de cette substance dans la veine d'un chien suffit à le faire mourir avec l'ensemble des symptômes de l'empoisonnement putride.

On tenait donc enfin le poison capable de produire tous les accidents confondus sous le nom d'accidents putrides.

La découverte de la sepsine fit grand bruit, cela se comprend ; mais bientôt Fischer vint calmer cet enthousiasme, en déclarant que d'après ses expériences, refaites d'ailleurs par Bergmann lui-même, le pus ne contient pas de sepsine.

La sepsine était donc à elle seule incapable de donner la clef de l'origine de toutes les septicémies, pyémie, etc.

Pánum, à son tour, étudia le poison putride dans des travaux demeurés classiques. Il en décrivit la nature et les propriétés; mais, chose bien plus importante, il fut le premier à entrevoir cette grande vérité, aujourd'hui démontrée, à savoir que *ce poison subtil provient des germes eux-mêmes.*

A Panum était donc réservée la gloire de faire la part des microbes et celle des produits fournis par eux dans les phénomènes dont on recherchait depuis si longtemps la nature intime.

Malgré la voix conciliatrice de Panum, la lutte n'en continua pas moins ardente entre ceux qui n'admettaient que l'infection par des produits chimiques, et ceux qui attribuaient au contraire tout aux organismes vivants. Mais la victoire devait rester à ces derniers; Pasteur en décida, lorsqu'il établit définitivement la spécificité des germes qui président aux différentes espèces de fermentation.

Inspiré par les travaux de Pasteur, Davaine fit ses belles études sur la bactéridie charbonneuse.

Bref, on finit par reconnaître que les causes de la putréfaction et des diverses fermentations, comme celles des maladies dites putrides, dépendent toutes de la présence, dans les milieux atteints, de germes spécifiques isolables, bien définis, et donnant lieu à la production de ces poisons, dont la détermination sollicite aujourd'hui la patience et la sagacité de tous les bactériologistes.

Comme on le voit, ces grandes questions ne cessèrent d'être à l'étude et de passionner les savants, qui avancèrent, lentement il est vrai, mais sûrement, du côté de la vérité. Aussi, comprend-on ce mot de regret échappé à Gay-Lussac au moment de quitter la vie (1850) : « C'est dommage de s'en aller, ça commence à devenir drôle! »

Il n'eut pas, en effet, comme nous, le privilège d'assister à la révolution scientifique due à Pasteur, et d'entendre ce savant déclarer que :

« De même qu'il existe un ferment alcoolique, la levure de bière, que l'on trouve partout où il y a du sucre qui se dédouble en alcool et en acide carbonique, de même il y a un ferment particulier, une levure lactique.

« La fermentation lactique, comme l'alcoolique, est un acte corrélatif de la production d'un corps organisé, probablement très voisin de la levure de bière. »

Le résultat des patientes recherches qui conduisirent Pasteur à ces conclusions, fut de réduire à néant les théories de chimistes tels que Liebig, Berzélius et autres qui ne voulaient voir dans les fermentations que la réaction d'une matière fermentescible (sucre) sur une matière azotée très altérable.

L'oxydation de cette dernière lui donnait la propriété de communiquer à la matière fermentescible le mouvement de décomposition dont elle était elle-même animée.

Pasteur affirma bientôt la spécificité d'un grand nombre de levures, et démontra à l'évidence que, parmi ces organismes inférieurs, il en est qui ne peuvent prospérer en présence de l'oxygène, tandis que, pour d'autres, il n'est point de vie sans ce gaz.

Enfin, propriété non moins curieuse, certains germes peuvent vivre à volonté dans un milieu *pourvu ou non* d'oxygène. La théorie de Lavoisier, qui, pendant tout un siècle, perpétua l'idée que l'oxygène était l'élément *sine quâ non* de toute production vitale, était définitivement renversée !

Reprenant la question des germes contenus dans l'air,

Pasteur compléta les recherches déjà si remarquables de Spallanzani, en prouvant qu'un liquide très apte à la fermentation, mais stérile, peut rester longtemps au contact de l'air sans s'altérer, à condition que les germes contenus dans cet air ne puissent pas tomber dans ce liquide. C'est à l'aide de son élégante expérience du ballon à col sinueux, qu'il établit d'une façon indiscutable que toute contamination procède de germes.

Après ce dernier coup, la théorie de la génération spontanée avait vécu!

On ne saurait oublier Tyndall dans l'énumération des savants dont les travaux ont conduit à asseoir les idées nouvelles.

Voulant démontrer à sa manière la présence des germes dans l'air atmosphérique; il s'arrangea pour renfermer dans une boîte ce qu'il appelait de l'air optiquement pur. Le moyen qu'il employait pour l'obtenir est fort simple. Il enduisait de glycérine la face interne des parois vitrées de sa boîte à expérience : au bout de quelques jours, toutes les poussières flottant dans l'air contenu dans ce récipient adhéraient à la glycérine et l'air en était dépouillé. Cela fait, il glissait avec précautions dans ce milieu ainsi purifié, des vases largement ouverts, remplis d'urine ou d'une infusion organique quelconque préalablement désinfectée.

Ces liquides, aisément putrescibles à l'air libre, restaient intacts tant qu'on les laissait dans la boîte.

Cette ingénieuse expérience était la confirmation des vues de Pasteur.

Le savant Français, continuant ses recherches, établit encore que *les liquides de l'organisme sain ne renferment pas de germes.*

La démonstration de ce fait, d'une importance capitale, intéresse au plus haut point tous ceux qui s'occupent de près ou de loin de sciences biologiques.

La chirurgie en particulier, renseignée sur l'état du terrain normal ou pathologique auquel elle s'adresse, ne pouvait manquer d'en tirer de précieuses déductions pratiques.

Cette spécificité, démontrée pour les fermentations, ne la retrouverait-on pas aussi, sinon pour toutes, du moins pour bon nombre de maladies? Le vieux Raspail avait, sans le prouver, émis l'idée que les maladies étaient dues à de petites bêtes malfaisantes.

Bien avant lui on avait parlé de même; témoin ce livre du XVIe siècle qui a pour titre : *De la nature animée de la peste.*

Alphonse Guérin (1870) attribuait aussi à des germes les accidents infectieux particulièrement fréquents dans les hôpitaux. Il proposa, pour lutter contre eux, le pansement à l'ouate qui porte son nom, et sur lequel nous reviendrons.

Comme les germes, la question était dans l'air. On pressentait la vérité, mais sans pouvoir en faire la preuve.

C'est alors que Lister, s'appuyant sur les travaux de Pasteur et de Tyndall, et les soumettant à un nouveau contrôle, se mit en devoir d'en extraire la quintessence, au bénéfice de la chirurgie.

II

LA CHIRURGIE DANS LA PREMIÈRE MOITIÉ DU SIÈCLE

Résultats déplorables. — Leurs causes. — Modifications insuffisantes des procédés opératoires. — Les théories modernes transforment lentement la chirurgie et finissent par triompher.

Après avoir passé en revue les grandes questions biologiques qui passionnèrent la première moitié de ce siècle, jetons un coup d'œil sur la science qui nous intéresse particulièrement : la chirurgie. En ces temps-là, elle languissait. Les moindres opérations donnaient des revers; l'ablation d'une loupe, une piqûre de sangsue, étaient l'origine d'accidents souvent mortels.

Découragés par l'insuccès, les maîtres les plus éminents, finissant par douter du bistouri, ne s'adressaient plus à lui qu'avec hésitation. C'est alors qu'on pouvait répéter souvent : l'opération a parfaitement réussi, mais le malade est mort! Terrible formule, bien faite pour démoraliser les plus braves.

Des méthodes nouvelles, toutes destinées à éviter la *plaie fraîche*, virent le jour. Mais écraseur, caustiques, ligatures... malgré quelque succès, ne donnèrent qu'un répit passager à ceux qui crurent un instant y trouver leur planche de salut.

Ces moyens détournés, ces demi-mesures, lueurs d'espoir, montrèrent tour à tour leur impuissance et laissèrent de plus en plus le chirurgien désarmé devant l'infection grandissante.

Elle grandissait en effet chaque jour dans ces centres hospitaliers, véritables milieux de culture de la matière peccante.

Les hôpitaux, dès longtemps insalubres, le devenaient toujours davantage; et comment pouvait-il en être autrement ?

Les opérateurs eux-mêmes portaient le virus au dehors, et les interventions à la ville, devenues à leur tour périlleuses, alimentaient sans cesse le foyer d'infection central : l'hôpital !

Les chirurgiens d'alors payèrent un lourd tribut à la maladie. Lymphangites, phlegmons, les menaçaient sans cesse, sans parler des intoxications plus sévères qui ne leur furent point épargnées.

Et cependant quels hommes de grande marque détenaient alors la chirurgie ! Inutile de citer des noms.

Nés aux heures de révolutions et de guerres, ils avaient la volonté ferme et l'âme haut placée ; et ce n'est pas sans un sentiment de profonde admiration que nous les suivons dans leurs luttes, et les retrouvons dans leurs ouvrages.

Mais si leurs mains habiles se voyaient trop souvent arrêtées par des barrières inconnues, leur esprit n'en travaillait pas moins. Affermis par les notions de l'anatomie pathologique, aiguillonnés surtout par de solides connaissances cliniques, ils rêvaient malgré tout de nouvelles conquêtes.

Les procédés les plus ingénieux furent proposés ;

mais si logiques qu'ils parussent, ils ne tardaient pas à être délaissés pour ressusciter plus tard, peut-être, grâce au souffle fécond de l'antisepsie.

N'est-il pas intéressant de rappeler à ce propos l'accueil que ces déboires sans cesse renouvelés valurent à l'ovariotomie, retour d'Amérique?

Dans une célèbre discussion qui eut lieu à l'Académie de Médecine, Velpeau déclarait que « l'ovariotomie devait être exclue des opérations justifiables, quand même les guérisons annoncées seraient réelles ».

Quand à Moreau, il déclara simplement que l'opération nouvelle devait être rangée « parmi les attributions de l'exécuteur des hautes œuvres ».

Les statistiques des Américains n'obtinrent, on le voit, qu'un bien mince crédit.

Cela se passait en 1857 !

Toujours dominés par le fantôme de l'infection, les chirurgiens s'occupèrent encore d'améliorer les locaux dans lesquels ils opéraient.

Étudiant l'hygiène du bâtiment, ils construisirent des hôpitaux, en s'inspirant des plus hautes notions connues de salubrité; on préconisa même les baraquements légers, peu coûteux, faciles à détruire sans regret.

Louables tentatives sans doute, mais qui n'améliorèrent que passagèrement le milieu dans lequel les opérés venaient chercher la guérison.

Elles ne suffirent point, la chose est sûre, à transformer les statistiques.

La révolution et les guerres contribuèrent encore pour leur part à aggraver la situation, en accroissant la misère et en peuplant les hôpitaux civils et militaires de malades et de blessés.

La seconde moitié du siècle était déjà largement entamée, que Nélaton appelait encore de tous ses vœux l'homme qui mériterait *une statue en or* pour avoir vaincu l'infection !

Mais, pour pouvoir améliorer la situation, il fallait autre chose que les idées préconçues, à la faveur desquelles on échafaudait des traitements de hasard.

Il fallait à tout prix dégager l'inconnue. Nous avons vu, au chapitre précédent, grâce à qui et comment on y parvint.

Toutes les maladies infectieuses sont dues à des germes qui se développent dans l'organisme et fournissent des poisons spécifiques capables de donner naissance aux divers symptômes propres à ces maladies : voilà le principe.

Ces notions une fois acquises ont tardé bien longtemps encore à être admises par tous, et, si elles le sont aujourd'hui, ce n'est pas sans avoir été battues en brèche de mille manières.

L'année 1870 et ses voisines marqueront, en quelque sorte, l'extrême limite de la vieille école et le dernier effort de la chirurgie du passé.

Ceux qui ont vécu ces heures cruelles en conservent un souvenir terrible et ineffaçable ; mais, s'ils ont souffert de leur impuissance à ce moment, ils ont reçu plus tard une large compensation à leurs déboires en voyant naître et grandir la méthode antiseptique.

Les jeunes, qui possèdent aujourd'hui les armes puissantes qui leur permettent de vaincre sûrement l'infection amoindrie, ne comprendront jamais la joie de ceux qui les reçurent au moment où la chirurgie luttait en désespérée contre des ennemis sans cesse renaissants !

La transformation radicale dont nous parlons ne pouvait être l'œuvre d'un seul, aussi est-ce à tort selon nous que les uns en attribuent tout le mérite à Pasteur, tandis que d'autres ne veulent entendre parler que de Lister.

Il est difficile sans doute d'être absolument équitable en pareille matière; mais il faut s'efforcer de rendre à César ce qui appartient à César, en ne s'occupant ni de questions d'Écoles, ni surtout de nationalité.

Les noms de bien d'autres mériteraient, à quelque titre, d'être inscrits sur le fronton de l'édifice antiseptique; car, de même qu'on ne bâtit point Rome en un jour, de même la méthode nouvelle fut une conséquence des travaux de tous.

Il est juste néanmoins d'exalter le mérite de ceux qui eurent la gloire de couronner l'œuvre, et qui, avec une précision et une justesse de vue incomparables, firent entrer dans la pratique les grandes notions de l'antisepsie.

III

LISTER ET SON ŒUVRE

J'ai parlé de Pasteur, voyons ce que fit Lister.

L'œuvre du chirurgien d'Édimbourg est trop importante pour que j'aie la prétention de la résumer ici. Je me bornerai à rappeler à grands traits cette suite de recherches patientes, conduites avec un esprit d'observation absolument remarquable. On peut assigner l'année 1867 comme date du début de la méthode antiseptique de Lister.

. Pénétré de l'importance des découvertes des savants dont j'ai essayé de résumer les travaux, il arriva comme eux à la conviction que le véritable ennemi des plaies ne réside pas dans les qualités physiques et chimiques de l'air ambiant, mais bien dans le plus ou moins grand nombre d'organismes vivants qu'il renferme.

Son attention se porta tout d'abord sur l'étude comparative de la marche des fractures simples et des fractures exposées. Avec tous les chirurgiens il constata la gravité beaucoup plus grande de ces dernières et l'attribua à la pénétration, dans le foyer de fracture, de germes infectieux.

C'est dès cette époque que Lister chercha à détruire ces organismes au moyen de l'acide phénique.

Ayant tout d'abord fait usage de solutions très concentrées, il y renonça, vu les effets caustiques qu'elles produisirent, et se contenta de solutions plus faibles.

Quoique ces expériences eussent été faites dans un hôpital absolument infecté, elles furent couronnées de succès. Outre l'action caustique de l'acide phénique, Lister reconnut bientôt sa facile volatilisation ; il la combattit en l'associant à l'huile et surtout en recouvrant le pansement de lames d'étain ou de plomb.

Étendant l'emploi de sa méthode et la perfectionnant sans cesse, Lister incisa sans accident les abcès par congestion et, plus tard, ouvrit largement des articulations, ce qui n'était certes point banal à cette époque. Les résultats qu'il obtint peuvent se juger d'un coup d'œil.

De 1864 à 1866, sur trente-cinq amputés, Lister en perdit seize, tandis que, de 1867 à 1869, sur quarante amputés, il n'en perdit plus que six.

Ces résultats étaient bien faits pour attirer l'attention, semble-t-il. Mais Lister ne fut cependant pas longtemps à sentir la vérité du vieil adage : « Pour vivre heureux, vivons caché. » On l'accusa d'avoir pris l'acide phénique à d'autres ; on rappela les noms français des Lemaire, des Déclat, des Maisonneuve, etc... Ses compatriotes J. R. Wolfe, Camgée, P. Hair, et bien d'autres, s'acharnèrent à diminuer l'œuvre du maître, en s'efforçant d'établir une confusion voulue entre l'emploi de l'acide phénique et la méthode de Lister.

Et pourtant le chirurgien de Glascow n'avait pas émis la moindre prétention concernant la découverte de l'acide phénique, ni songé à revendiquer la priorité de son emploi dans la pratique chirurgicale.

Et, d'ailleurs, n'étaient-ce pas là des questions d'ordre secondaire ?

Le principal mérite de Lister ne résidait-il pas surtout dans la combinaison de notions nouvelles et précises, capables de vaincre l'infection, tandis que la mise en action de telle ou telle substance représentait tout au plus un *modus faciendi* transitoire n'ayant rien de commun avec l'essence même de la méthode ?

Malgré ces violentes attaques, le grand chirurgien, continuant paisiblement sa route, s'efforçait de perfectionner son œuvre dans les moindres détails. C'est ainsi qu'il entrevit bientôt la possibilité d'une ligature inoffensive.

Ayant lié avec succès, au moyen d'un fil de soie trempé dans une solution antiseptique, l'artère iliaque externe d'une femme atteinte d'anévrysme de la fémorale gauche, il vit que l'organisme pouvait tolérer cette ligature sans danger.

La malade dont il s'agit succomba, quelques mois après, à un anévrysme de l'aorte ; et, à l'autopsie, il fut possible de constater que le fil de soie qui avait servi à la ligature baignait dans une petite quantité de liquide purulent.

C'est alors que, reprenant l'idée émise avant lui par d'autres chirurgiens, Lister chercha le moyen d'utiliser une ligature de tissu résorbable, et porta son choix sur le catgut.

Mon intention étant d'étudier spécialement dans le cours de ce travail ce nouvel agent de ligature, je me borne pour l'instant à en signaler l'apparition.

En mars et avril 1870, Lister reprenant la parole, exposa, dans une leçon devenue classique, les conclusions auxquelles l'a conduit l'application de plus en plus raisonnée de sa méthode à la clinique.

Il renonce aux solutions phéniquées fortes et se contente de celle à 1/20 ; il incorpore cette substance à de la résine dont il imprègnè un tissu lâche ; et bientôt, à partir du second pansement, il protège la plaie et son voisinage au moyen de taffetas (Protective Silk). Il a reconnu, en effet, que, si l'action microbicide de l'acide phénique est indispensable au début, elle devient nuisible quand on la prolonge.

La plaie doit alors être entourée des émanations phéniquées qui se dégagent du pansement, mais ne plus être en contact avec l'acide.

Lister conseille encore d'enduire des fils à suture avec un mélange d'acide phénique et de cire dans la proportion de 1 sur 10.

Sa constante préoccupation est la destruction des germes flottant dans l'air ; il rêve de les y poursuivre, et institue à cet effet la pulvérisation d'une solution phéniquée à 1 0/0.

L'opération toute entière, y compris le pansement, s'exécute au sein de cette buée phéniquée.

Les mérites du catgut s'affirment chaque jour davantage.

Les éponges, les drains sont l'objet de toutes les sollicitudes.

Lister veille à tout, combine tout en vue de la lutte contre l'infection.

Aucun détail ne lui échappe.

Il s'ingénie, cherche et trouve.

Il substitue, selon les circonstances, le chlorure de zinc ou d'autres antiseptiques à l'acide phénique ;

améliore son matériel de pansements ; bref, érige décidément en *Méthode* ce qu'on s'efforçait de considérer comme l'application d'un simple topique.

Les résultats de cette pratique si logique, qu'il sait cependant rendre souple au besoin, s'améliorent de jour en jour; et, à mesure que les audaces opératoires s'accentuent, les accidents des plaies perdent du terrain.

La pyémie, la septicémie, la pourriture d'hôpital, l'érysipèle, lâchent pied tour à tour; et, malgré les dires de ceux qui se plaisent à considérer cette retraite comme fortuite et passagère, disparaissent pour ne pas revenir.

Sans doute, il y aura toujours de temps à autre quelques cas d'infection dans les hôpitaux, mais ces cas arrivent du dehors. L'infection ne naît plus dans les salles car elle y est sans cesse combattue.

On a peine à comprendre aujourd'hui comment une méthode, se présentant d'emblée avec des résultats aussi brillants, eut tant de peine à se faire accepter.

En Écosse même, où elle vit le jour, ce ne fut que lentement qu'elle obtint quelque crédit.

Nul n'est prophète en son pays...

Lister eut à lutter, comme tout novateur, contre l'inertie, la routine et la jalousie.

On tourna en ridicule les minutieuses précautions de son pansement; et ceux qui perdaient presque tous leurs opérés en les enfarinant dans des cataplasmes, n'avaient point assez de sarcasmes à lancer contre celui qui leur était pourtant si supérieur !

Et cependant, ce que montrait le maître était palpable.

Ses réunions par première intention étaient pain quotidien ; l'ouverture des articulations, qu'on redoutait si fort, se comportait comme la plus simple des interventions, et les fractures compliquées échappaient enfin à l'amputation !

Malgré tout, on résistait, et la nouvelle méthode resta longtemps lettre morte.

On alla même jusqu'à flétrir son auteur, le traitant sans examen de rêveur et de charlatan.

Mais la vérité entrevue devait rayonner malgré tout, et la logique du fait vaincre les résistances.

La voix partie de Glasgow invitait tous les curieux de la chirurgie à venir contrôler les résultats annoncés.

Quelques-uns répondant à l'appel se rendirent en Ecosse. Charmés par l'accueil du maître, ils furent bientôt gagnés par ses démonstrations écrasantes, et, pèlerins sceptiques hier encore, ils revinrent chez eux convaincus, annoncer la bonne nouvelle.

Mais ce qu'ils racontèrent semblait trop merveilleux pour être vrai.

A beau mentir qui vient de loin, avait-on l'air de leur dire.

Enthousiasme passager, coïncidences favorables ou faits mal observés... tels étaient les arguments qu'on opposait à leurs affirmations.

Il fallut à ceux qui prêchèrent alors la croisade antiseptique, une foi robuste pour résister aux assauts d'ironie dont ils furent l'objet.

Lucas Championnière écrivit son livre, véritable guide du chirurgien antiseptique. Il prit, on peut le dire, par la main ceux qui voulurent le suivre, et sut les conduire au port.

Bientôt toute une jeune école se saisit de la méthode de Lister et la répandit autour d'elle. Cette courageuse phalange gagna peu à peu du terrain, et ramena rapidement la chirurgie française au rang élevé qu'elle occupe aujourd'hui.

IV

DE L'INFECTION DES PLAIES

Rôle de l'air (Spray). — Rôle de l'eau. — Germes inoffensifs et germes nuisibles. — Gangrène gazeuse. — Tétanos. — Tuberculose. — Diphtérie. — La suppuration. — Action des microbes sur l'organisme. — Accoutumance de l'organisme. — Atténuation. — Le laboratoire et la clinique. — Défense de l'organisme vivant. — Lutte contre l'infection.

Si j'ai jugé utile de rappeler les travaux des savants du siècle passé pour accorder ensuite une place spéciale à Pasteur et à Lister, c'est qu'il m'a paru intéressant et équitable de mettre en relief les véritables créateurs de l'antisepsie et de l'asepsie dont nous apprécions aujourd'hui les bienfaits.

Maintenant que nous savons en qui placer notre reconnaissance, voyons quelle idée nous sommes arrivés à nous faire de l'infection.

Après avoir, sinon épuisé le sujet, du moins effleuré les points qui confinent plus spécialement à la chirurgie, nous étudierons les moyens dont nous disposons pour mettre nos opérés à l'abri des accidents qui les décimaient jadis.

Alphonse Guérin attribuait surtout ces accidents, qui venaient trop souvent troubler la réparation des plaies, aux corpuscules vivants que contient l'air et qui souillent leur surface.

Cette opinion le poussa à s'adresser à un agent de filtration de l'air, capable de neutraliser ces principes septiques.

Le coton ayant déjà fait ses preuves à cet égard, ce fut lui qu'il choisit.

L'expérience réussit et les résultats s'améliorèrent rapidemement. J'en dirai les raisons à l'article *Pansements*, mais nous verrons aussi que les succès obtenus ne dépendent pas seulement de l'action filtrante du coton, mais encore de la salutaire influence que ce produit exerce sur les plaies en constituant un excellent moyen d'immobilisation, de compression et de soutien, lorsqu'il est maintenu par un bandage exactement appliqué.

Lister était aussi très préoccupé de l'influence de l'air comme véhicule des germes.

Nous le voyons prudemment opérer sous une compresse, qu'il soulève à peine pendant le temps nécessaire au passage du bistouri, et dont il recouvre vivement la plaie dès qu'elle est ouverte.

Dans l'application de ses pansements, même souci de préservation des tissus malades contre les atteintes des ferments qui pourraient tomber à leur surface. Il multiplie les couches de gaze, les recouvre d'un mac-intosch et, dès qu'une humidité venue de la plaie se fait jour à la surface du pansement, il la désinfecte par des applications antiseptiques et l'entoure de nouvelles couches de tissus secs et protecteurs.

Faisant plus encore, c'est, comme je l'ai dit, dans l'air lui-même qu'il poursuit l'ennemi et s'efforce de le pulvériser !

Nous avons vu pendant quelques années fonctionner cette artillerie braquée contre l'atmosphère dans le but de détruire ses hôtes septiques. Peu à peu cependant des expériences de contrôle vinrent infirmer des conclusions trop hâtivement prises, et prouver que l'action du *spray* était moins efficace en pratique qu'en théorie.

On bouleversa même de fond en comble les idées du maître, en prouvant que le meilleur moyen de faire tomber des germes sur les plaies, c'est précisement de les alourdir par des gouttelettes aqueuses qui les précipitent vers les parties inférieures.

Si encore les projectiles, plus ou moins phéniqués qu'on leur décoche, avaient assez de puissance pour tuer, au vol pour ainsi dire, les germes qu'ils atteignent, on pourrait conserver quelque espoir en leur efficacité; mais il n'en est rien. Les germes tombent uniquement en raison de la surcharge de poids dont ils sont affligés, mais non point parce qu'ils sont mortellement frappés par l'antiseptique. Ils tombent sur les plaies, vivants et septiques s'ils l'étaient, et les infectent peut-être.

La pulvérisation, telle qu'elle fut comprise à l'origine, est donc moins qu'une sauvegarde, elle est un danger d'autant plus réel qu'elle donne une apparente sécurité.

Grâce à ces constatations enregistrées par plusieurs expérimentateurs, la pulvérisation fut peu à peu abandonnée au cours de l'opération.

Mais puisque nous avons reconnu tout à l'heure son action mécanique sur les poussières, il est parfaitement logique de l'utiliser encore dans certaines circonstances, afin d'assainir l'air de la salle d'opérations et de précipiter sur le sol les germes qui voltigent.

On fera donc fonctionner l'appareil dans la pièce pendant une ou deux heures avant d'y entrer, en ayant soin de diriger son jet vers le plafond, de façon à ce que l'eau pulvérisée retombe comme un voile humide entraînant vers le sol tout ce qu'il rencontre sur sa route.

Les parois de l'appartement, atteintes à leur tour par la buée bienfaisante, conserveront les poussières qui les recouvrent et l'opération se fera dans un milieu dépourvu d'impuretés.

Inutile d'ajouter un antiseptique à l'eau qu'on pulvérise puisque l'action mécanique, seule, a quelque valeur.

Envisagée de la sorte, la pulvérisation de Lister trouve encore quelque raison d'être et c'est à ce moyen, revu et corrigé, que nous avons recours lorsque nous devons intervenir dans des conditions spécialement longues et périlleuses; à lui que nous nous adressons quand il faut porter à petites doses, mais à jet continu, des agents microbicides sur des surfaces infectées.

Quelques mots relatifs à la virulence de l'air sont nécessaires pour faire ressortir combien elle a été exagérée, et ce qu'il faut conserver des idées préconçues qui avaient cours à son sujet.

De tout temps la composition de l'air intéressa les chercheurs; mais si, au point de vue purement chimique, elle était parfaitement connue, il en était autrement en ce qui concerne les germes dont on ne faisait que soupçonner la présence. Tyndall avait, il est vrai, doté la science de son expérience du rayon rendu lumineux à son passage au travers de la chambre obscure par le fait des particules en suspension. Pasteur, après avoir retenu ces mêmes particules sur du fulmicoton, qu'il dissolvait ensuite dans l'éther, avait quelque peu précisé la question ; mais ce ne fut qu'à la longue, grâce à ses patientes recherches et à celles des bactériologistes, que l'on acquit des notions exactes sur les éléments figurés qui flottent sans cesse dans les milieux où nous évoluons. On reconnut bientôt que l'air est d'autant plus pollué qu'on le récolte dans la sphère des endroits habités. Loin des terres, au large, sur l'océan, plus haut, sur les glaciers, il augmente en pureté pour acquérir au contraire un cachet d'insalubrité troublante dans les salles d'écoles, les églises, les hôpitaux, les casernes !

Ces résultats, faciles à prévoir, demandaient cependant une série de démonstrations sans réplique. Tous ces travaux sont faits aujourd'hui, et ont donné la mesure exacte des craintes qu'il faut conserver, comme aussi des précautions qu'il faut prendre.

Une chose importante à savoir était encore que les germes ne pénètrent dans l'atmosphère qu'à l'état sec, et que, bien qu'ils y puissent encore garder vie un certain temps, ils ne sauraient guère s'y reproduire, privés qu'ils sont des conditions qui assurent leur fécondité. Pour vivre et prospérer, ils ont leurs exigences : L'humidité et la chaleur leur sont nécessaires au même titre que certains produits nutritifs.

Tel micro-organisme, qui se développe aussitôt qu'il se trouve dans un milieu tempéré, obscur et pauvre en oxygène, devient promptement inerte et infécond lorsqu'on l'expose à la lumière et à la sécheresse.

Le nombre de microbes *anaérobies*, c'est-à-dire vivant mal au contact de l'oxygène, est assez considérable pour que nous puissions nous rassurer quelque peu relativement au danger que présente l'air.

On trouve d'ailleurs, même dans les milieux très insalubres en apparence, fort peu d'agents d'infection des plaies; on y rencontre en revanche de nombreux germes tout à fait insignifiants, et dont la présence ne trouble nullement la bonne marche de la réparation des tissus. Les données exactes que nous possédons ne nous permettent donc pas de considérer le contact de l'air comme aussi redoutable que le jugeaient nos prédécesseurs, et nous engagent à chercher ailleurs les véritables causes d'infection.

Après ce que nous avons dit de l'air atmosphérique, il nous reste à voir ce qu'on doit penser de l'air expiré par le malade et le chirurgien, au point de vue de l'infection des plaies et de la transmission des maladies.

Comme chirurgien et malades respirent forcément et constamment le même air, il est fort intéressant pour tous de savoir quelle action ces produits de l'expiration peuvent exercer sur leurs organismes respectifs.

A priori, en ne faisant juge de la question que nos facultés olfactives, nous serions très enclins à admettre que l'impureté de certaines haleines et leur pouvoir infectieux ne font qu'un.

Cette fâcheuse impression, qui n'est dictée que par le dégoût que provoque toute mauvaise odeur, n'a rien de scientifique et doit disparaître devant les faits. Des expériences nombreuses sont venues décerner un laissez passer absolu aux haleines les plus déplorables, qu'elles doivent leur fumet atroce à la gangrène pulmonaire ou à la vulgaire gousse d'ail !

Le poumon semble même agir à la manière d'un

filtre car, ainsi que l'a démontré Straus, l'air qui en sort est dépouillé de tout germe. Il va sans dire que je parle de l'air seul et que la proposition cesse d'être vraie du moment qu'avec lui seraient entraînés par la toux des fragments de tissus, de crachats; l'examen microscopique de ces sécrétions montre assez journellement ce qu'elles contiennent pour qu'il ne puisse subsister la moindre équivoque à cet égard.

Je rappellerai l'expérience de Cadéac et Malet qui, prenant des moutons sains et des moutons infectés de charbon et de variole, leur ont fait respirer, pendant fort longtemps, le même air à travers des tuyaux d'un mètre de long, sans réussir à déterminer l'infection des uns par les autres.

Ces expériences sont intéressantes et leur conclusion n'était guère à prévoir. Il en découle néanmoins cette tranquillisante certitude que la respiration des malades n'augmente pas le nombre des microbes contenus dans une salle d'hôpital, et que l'haleine du chirurgien ne compromet en rien l'asepsie des plaies.

Tous ces faits, instructifs au premier chef, nous montrent que l'air est en définitive un intermédiaire de contagion beaucoup moins direct qu'on ne le croyait à l'époque où l'on y pressentit l'existence de micro-organismes. L'œil de l'observateur vit alors avec un verre grossissant les dangers qui menacent les opérés, et il fallut toute la précision des recherches modernes pour ramener le praticien à une plus saine appréciation des choses.

Voyons maintenant ce qu'il faut penser de l'eau relativement à sa part d'influence dans le domaine de l'infection.

La question est pleine d'intérêt, puisque nous sommes sans cesse appelés à nous servir d'eaux de diverses provenances, et en quelque sorte obligés de les porter au contact des plaies.

Grâce à la filtration due aux couches de terrain qu'elles traversent, les eaux de source peuvent être considérées comme d'une pureté à peu près parfaite ; et, si le chirurgien n'avait affaire qu'à ces eaux-là, il pourrait *presque* se tenir pour satisfait.

Malheureusement il n'en est rien ; et le plus souvent les eaux dont il dispose renferment des germes nombreux, qu'il est obligé de détruire.

Lors même que l'eau d'un lac ou d'un fleuve présente à l'endroit de sa prise une pureté relative, on sait, pour l'avoir souvent contrôlé, combien, en cheminant le long des conduites, et surtout en séjournant dans les réservoirs, cette eau presque acceptable au départ devient impropre à l'usage chirurgical.

Les micro-organismes pullulent avec une effroyable rapidité dans les eaux qui séjournent, et telle d'entre elles, qui ne contenait qu'une centaine de germes par centimètre cube, en renferme des milliers vingt-quatre heures après. La chirurgie ne pouvait fermer les yeux sur des dangers aussi sérieux, elle devait s'efforcer de les conjurer.

Là encore nous retrouvons Pasteur, s'attachant à purifier l'indispensable liquide ; aidé de Chamberlan, il fit un filtre qu'on crut irréprochable au début. On ne tarda guère cependant à reconnaître que ses bougies s'encrassent rapidement et laissent peu à peu passer les organismes inférieurs.

Le nettoyage des filtres est donc chose minutieuse, et

si on néglige de le répéter souvent, on n'obtient qu'un semblant d'asepsie. Un défaut non moins grave à reprocher à cet appareil, c'est la lenteur avec laquelle il opère. Il faut de longues heures pour obtenir la quantité d'eau utilisée au cours d'une seule opération, à moins d'employer de nombreuses batteries, ce qui, outre la dépense, nécessite un entretien des plus fastidieux.

On a songé aussi à précipiter les germes dans le fond des récipients, en jetant dans l'eau des poudres inertes telles que sable, charbon, etc...

Mais cette sorte de filtre mobile qui est censé descendre à travers la masse de l'eau, n'a qu'une action incomplète et laisse derrière lui nombre d'impuretés.

Quant à l'addition de substances chimiques à pouvoir microbicide, on sait combien elle doit être importante pour devenir efficace. Or il n'est pas indifférent de mettre les plaies en contact prolongé avec ces agents toxiques; d'ailleurs nous savons que cette manière d'annihiler les germes est sujette à caution et ne vaut jamais la désinfection par la chaleur; aussi est-ce encore à ce moyen souverain que la chirurgie s'est adressée pour avoir de l'eau pure.

Le procédé le plus simple, le plus à la portée de tous, tant des chirurgiens d'hôpitaux que de ceux qui pratiquent à la campagne, c'est la *banale ébullition*. Son pouvoir stérilisant est suffisant pour détruire la *plupart* des microbes, et spécialement ceux que nous redoutons le plus pour nos opérés : les microbes pyogènes !

Il suffit, pour obtenir un résultat satisfaisant, de prolonger l'ébullition pendant une vingtaine de minutes. Pour faire mieux encore, on additionne l'eau d'une faible quantité de chlorure de sodium (6 : 1000), ce qui élève légèrement son point d'ébullition, et constitue une sorte de sérum artificiel dont on se servira toutes les fois qu'il sera indiqué de procéder à de grands lavages de cavités, de la cavité péritonéale en particulier. Ce liquide pourra aussi, en cas de syncopes dues à de fortes pertes de sang, être injecté sous la peau. Cette transfusion, souvent très efficace à la suite d'opérations longues et sanglantes, trouve par conséquent sa place marquée dans la pratique obstétricale; aussi est-il bon d'avoir toujours prêts à l'avance quelques centaines de grammes de cette solution.

On la conserve dans une carafe exactement stérilisée et bouchée à l'ouate.

Au moment de s'en servir, on remplace l'ouate par un bouchon de caoutchouc percé de trois ouvertures à travers lesquelles passent un thermomètre et deux tubes de verre, dont l'un, également bouché à l'ouate, amènera l'air dans le récipient, tandis que l'autre, plongeant au fond du liquide, se continuera par un long tube de caoutchouc. Un trocart fin complète l'appareil.

Il suffit, pour la mise en action, de placer la carafe à un mètre ou deux au-dessus du malade, et d'amorcer. Le liquide s'écoule ensuite de lui-même à travers le trocart.

L'eau introduite sous la peau se répand lentement dans le tissu cellulaire et s'y résorbe. Cette manière de procéder, jointe à l'administration de petits lavements tièdes, soutient le malade pendant les heures périlleuses qui suivent trop souvent les grandes interventions, et lui permet de franchir le pas difficile. Elle a en outre l'avantage de calmer la soif, et par conséquent d'éviter de rien faire avaler à l'opéré pendant la première journée.

L'eau bouillie a surtout été préconisée en France par le Dr Bouilly, lequel, grâce à l'asepsie rigoureuse qui règne dans son service, a pu en retirer le meilleur profit.

Lorsqu'au lieu d'être destinée au malade, l'eau doit servir à la stérilisation d'objets de pansement et surtou d'instruments, on se trouve bien de lui ajouter 1 gramme de carbonate de soude par 100 grammes ; ce sel élève le point d'ébullition à 104°, dégraisse les instruments, ce qui est une grande sécurité au point de vue de leur désinfection, et s'oppose en outre à la formation de taches de rouille à leur surface. Nous voici donc en mesure d'avoir, à peu de frais, de l'eau stérilisée en gran e abondance pour tous les usages chirurgicaux. Un grand récipient, placé dans un coin de la salle d'opérations et exactement bouché, servira de réserve.

D'après l'exposé qui précède, nous pouvons admettre que l'infection des plaies par l'air n'est guère à redouter, et que celle par l'eau peut sûrement être évitée; il faut donc, poursuivant notre étude de l'infection des plaies, trouver les vraies causes des accidents si fréquents autrefois et toujours prêts à reparaître lorsque nous nous départons des soins minutieux de la chirurgie antiseptique.

C'est en suivant de près les différentes phases des opérations, en contrôlant dans les pièces de pansement et dans les recoins des instruments les impuretés qui s'y dissimulent; c'est en mettant en cause le chirurgien lui-même, en tant que porteur de l'infection, qu'on est arrivé à établir, avec une exactitude remarquable, la part de responsabilité qui revient à tout ce qui touche le malade et risque de le contaminer.

Des expériences bactériologiques, dans le détail desquelles je ne saurais entrer, ont permis de reconnaître que ce sont surtout les instruments et les mains qui souillent les plaies.

La morsure d'une pince, dans les mors de laquelle se trouvent encore des parcelles de tissus, du sang, du pus, etc... provenant d'une opération antérieure, représente une véritable inoculation, qui s'effectue dans les meilleures conditions de réussite.

On a eu trop souvent l'occasion de suivre à la piste des infections colportées de lit en lit, de maison en maison par des accoucheurs et des sages-femmes, pour que l'infection par contact direct puisse faire l'objet du moindre doute.

Les mains et les instruments, peu ou pas nettoyés, inoculent un malade après l'autre, et une sinistre traînée d'accidents et de décès marque leur passage.

Inutile de multiplier les exemples : chacun conserve le souvenir de quelque cas type en l'espèce; et sauf de rares amis du paradoxe *quand même*, tout le monde chirurgical est rallié aux doctrines, si satisfaisantes pour l'esprit, et si positives, des *germes-contages*.

Mais avant de déterminer les voies et moyens que les microbes prennent pour pénétrer dans les plaies, faisons une rapide connaissance avec ceux dont nous avons le plus à nous méfier; et sachons, outre les noms plus ou moins pompeux dont on les a baptisés, quels sont leurs propriétés, leur virulence, et surtout les moyens de les reconnaître et de les détruire.

Un des premiers que nous trouvons sur notre route, c'est le *streptococcus pyogenes*. C'est lui qui produit l'érysipèle, la phlegmatia alba dolens, la fièvre puerpérale, la pyohémie et la septicémie. Ce microbe a donc à son actif un nombre d'infections assez respectable.

Quant aux organismes qui portent les noms de *staphylococcus aureus, albus, flavus, tenuis*, etc... ils jouissent de propriétés très différentes. C'est ainsi que tandis que l'aureus, qui fournit au pus sa couleur jaune, donne naissance à de graves complications phlegmoneuses et à l'ostéomyélite, son cousin germain le *staphylococcus albus* n'est pas sensiblement pathogène.

Le staphylococcus aureus et le streptococcus pyogènes sont les ennemis intimes du chirurgien ; ils étaient jadis les familiers de tout hôpital, de tout pansement, épiant la moindre faute pour se glisser dans la place, nous ne devons pas l'oublier.

Mais il est d'autres germes qui, pour être heureusement plus rares, méritent aussi d'exciter tous nos efforts lorsque nous soupçonnons leur présence au voisinage des plaies. Citons entre autres le *vibrion septique*. Ce microbe anaérobie se présente sous forme de bâtonnet, et a la propriété de sporuler, c'est-à-dire de continuer à vivre sous une forme difficile à détruire, qu'il peut abandonner sous certaines influences, pour reprendre ensuite toute sa virulence.

C'est à lui que sont dues ces terribles infections à marche suraiguë qui frappent les tissus de gangrène rapidement envahissante.

Lorsque le vibrion septique a fait son entrée dans un hôpital, on a le droit d'être inquiet, car on aura bien de la peine à l'en déloger. La chose est d'autant plus grave que les accidents qu'il détermine restent presque toujours au-dessus des ressources de l'art.

Les infirmiers reconnaissent bien vite les malades frappés, et savent qu'un blessé atteint par la « *gazeuse* », comme ils dénomment pittoresquement cette infection, est un homme perdu, ou peu s'en faut.

Nos confrères de Lyon ont eu souvent maille à partir avec ce redoutable fléau.

Le *tétanos*, pour lequel nous devons professer également une crainte motivée, procède, lui aussi, d'un bacille anaérobie capable de sporuler.

On le rencontre surtout dans la terre des routes et des jardins, et si les blessures produites dans ces milieux ne sont pas plus souvent empoisonnées par lui, c'est que fort heureusement il est *anaérobie strict*, c'est-à-dire ne résiste pas longtemps à l'action de l'oxygène, tout au moins sous sa forme de bâtonnet. Si donc dans une chute en avant par exemple, la paume des mains est largement écorchée et que la terre du chemin la souille, il n'arrivera probablement aucun accident tétanique; l'expérience journalière est là pour le prouver.

Le microbe du tétanos resté à la surface de cette plaie, est non seulement entraîné par le suintement sanguin qui s'y produit, mais aussi gêné dans son développement par la présence de l'oxygène de l'air.

Le danger est tout autre si une fracture compliquée se trouve en contact avec le terrain, et si les extrémités osseuses emportent, une fois réduites, dans la profondeur du foyer de fracture, le microbe redoutable.

Au fond de cette plaie osseuse, dans ce foyer de fracture humide et chaud, il trouve, à l'abri de l'air, un milieu de culture dans lequel il aura grande chance de pulluler.

Je ne veux pour preuve de ceci que l'expérience de Sanchez Toledo et Veillon, qui consiste à raser le ventre de deux lapins, à entamer l'épiderme, au moyen de frictions faites au papier de verre, puis à l'imprégner de cultures pures de tétanos.

Ils laissent un des lapins sans pansement, tandis qu'ils recouvrent les lésions de l'autre avec un pansement occlusif au collodion.

Le premier lapin guérit presque toujours, tandis que le second succombe régulièrement à un tétanos aigu, l'anaérobiose ayant été réalisée par cette occlusion.

La forme du bacille du tétanos, découvert par Nicolaïer, dont il porte le nom, est assez spéciale pour permettre de le reconnaître aisément : c'est un bâtonnet flexueux et mince, assez semblable au bacille de la septicémie de la souris, mais qui revêt, au moment de sa sporulation, une forme très caractéristique, en ce sens qu'à l'une de ses extrémités se développe un renflement ovoïde, qui lui donne l'aspect d'une épingle.

Autrefois les accidents tétaniques étaient attribués au traumatisme lui-même, qui aurait molesté les nerfs ; au froid et à tant d'autres causes plus ou moins fantaisistes, lesquelles expliquaient d'ailleurs fort mal les séries de cas de tétanos développés en un même hopital, dans la même salle, voire même dans certain lit.

Aujourd'hui, on comprend fort bien par quel moyen le transfert du bacille tétanique peut se faire d'un malade à l'autre, puisqu'on le connaît, qu'on le rencontre dans le pus des malades atteints, et que, par conséquent, il risque d'être transmis par les pièces de pansement, les instruments ou les mains.

Quant aux prétendus cas de tétanos spontané, on suppose qu'ils sont dûs à l'entrée dans l'organisme d'une minime quantité de bacilles à l'état de culture pure. La lésion produite a d'autant plus de chance de passer inaperçue dans ce cas, que le bacille du tétanos n'étant pas pyogène, il ne reste pas de traces appréciables de sa pénétration au point d'entrée. Le bacille du tétanos a encore ceci de particulier, c'est qu'une fois introduit dans la profondeur des tissus, il y reste localisé et ne s'y multiplie guère comme le font d'autres micro-organismes; il se borne à fournir des principes toxiques que Brieger croit avoir réussi à isoler, et qu'il a en tout cas baptisés des noms de *tétanine*, *spasmotoxine*, etc.

Un fait certain c'est que, lorsqu'on introduit une faible quantité de culture pure de tétanos dans l'extrémité de la queue d'un rat, il ne faut pas attendre longtemps pour couper celle-ci à sa base, si l'on veut que l'animal échappe aux accidents tétaniques : une heure d'attente met déjà ses jours en péril.

A l'autopsie on ne retrouve pas dans l'organisme de bacille de Nicolaier, et les ensemencements faits avec le sang recueilli dans les différents organes de l'animal ne donnent naissance à aucune culture. Il faut bien admettre dans ce cas que les accidents et la mort sont dus à la pénétration dans l'organisme des toxines sécrétées par un nombre relativement restreint de bacilles inoculés à l'extrémité de la queue du rat.

Le tétanos est donc une maladie strictement localisée au point d'inoculation, et dont les effets ne sont dus qu'à l'imprégnation de l'organisme par les toxines d'origine microbienne. On pourrait en dire autant des bacilles de la diphtérie et du choléra, qui, quoique localisés dans les voies aériennes ou dans l'intestin, déterminent aussi la mort par la diffusion de leurs toxines.

Sans vouloir établir de comparaison exacte entre les maladies dont nous venons de parler, et qui sont caractérisées par la rapidité et parfois par la marche foudroyante de leur évolution, nous pouvons en rapprocher la tuberculose, puisque d'après les derniers travaux de Straus et Gamaléia, ce serait encore aux toxines produites par le bacille tuberculeux que seraient imputables les accidents. Mais, d'après ces auteurs, les toxines feraient partie intégrante du bacille et continueraient *même après la mort de ce dernier* à exercer leur funeste influence.

Qu'on me permette de dire quelques mots, relativement à ces expériences si bien conduites par Straus et Gamaléia. Prenant des cultures de bacilles de tuberculose humaine dans du bouillon, ils les soumettent pendant un temps variant de dix minutes à neuf heures à l'autoclave chauffé à 115° et 130°. Broyant ensuite ce produit stérilisé dans une faible quantité d'eau également stérilisée, ils l'injectent à la dose de quelques centimètres cubes dans la veine marginale de l'oreille d'un lapin. Ils voient celui-ci résister pendant quelques jours à cette inoculation, puis perdre peu à peu de son poids et parfois succomber.

Si cette issue fatale tarde à se produire, l'animal se rétablit pendant un peu de temps, puis décline ensuite rapidement pour périr au bout de trois semaines environ.

A l'autopsie on trouve des poumons parsemés de tubercules, renfermant des bacilles facilement reconnaissables et colorables. Le foie et la rate présentent les mêmes lésions.

Si la dose injectée s'est montrée trop faible pour tuer

l'animal, on le voit peu à peu renaître à la vie; mais si à ce moment on lui injecte de nouvelles doses, même très faibles, de bacilles tuberculeux morts ou vivants, il meurt en quelques heures, ce qui ne s'observe jamais chez le lapin bien portant alors même qu'on lui inocule des doses énormes des mêmes produits.

L'animal a donc contracté une susceptibilité extrême à l'égard d'une nouvelle injection tuberculeuse.

Les conclusions de ce travail si remarquable sont les suivantes :

« Ces expériences montrent que les bacilles tuberculeux morts, introduits dans le corps des animaux, s'y trouvent encore, avec leur aspect et leur réaction colorante spécifique, au bout d'un temps très long : plusieurs mois. Les cadavres des bacilles tuberculeux présentent une autre particularité plus importante encore : c'est de garder, quoique morts, une grande partie des propriétés pathogènes du bacille vivant. Aux bacilles morts est inhérent un pouvoir toxique, à longue échéance, qui rappelle celui des cultures vivantes. Nous sommes ainsi conduits à une notion importante sur le mode d'action du bacille de la tuberculose. Contrairement à ce qu'on observe pour d'autres microbes pathogènes (celui de la diphtérie, du tétanos), ce n'est pas dans le milieu de culture, liquide ou solide, où ce bacille a végété, que l'on trouve les principaux produits toxiques qu'il élabore. Ces substances sont fixées et retenues dans le corps même du bacille; elles résistent à des traitements très énergiques, qui ne parviennent ni à les détruire ni à les extraire du corps bacillaire. De même elles résistent très longtemps au séjour dans le corps des animaux. »

Voilà des aperçus curieux sur les procédés microbiens, aperçus qui ouvrent des horizons nouveaux sur certains processus infectieux.

Disons encore quelques mots d'une question fort intéressante qui a soulevé de vives discussions et qui n'est peut-être pas encore résolue. Je veux parler des véritables causes de la suppuration.

Jusqu'à ces dernières années on avait coutume de considérer le fait qu'une plaie était recouverte d'une suppuration crémeuse, épaisse, glissant à la surface de bourgeons charnus, rouges et vigoureux, comme le présage d'une prochaine et prompte guérison.

L'expérience des chirurgiens avait consacré par un mot resté classique le processus réparateur qui évoluait sous cette forme, et voyait avec une joie tranquille le *pus bonum et laudabile* inonder les pansements. Nos prédécesseurs, qui n'osaient que rarement prétendre à la réunion par première intention, formaient leur jugement en comparant entre elles la marche des plaies qui faisaient l'objet journalier de leurs observations. Ils savaient qu'une plaie blafarde et sèche indique un état fâcheux de l'organisme, tandis qu'ils avaient pu souvent constater la rapidité parfois surprenante avec laquelle se comblent les pertes de substances arrosées du pus dit de *bonne nature*.

Aujourd'hui que nos prétentions se sont accrues, nous ne considérons plus la production d'une suppuration comme favorable, mais bien comme un accident dont nous n'hésitons pas, le plus souvent, à nous reprocher l'origine.

Les expérimentateurs se sont donc attachés à la recherche des véritables causes de la suppuration, afin d'établir s'il n'était pas toujours possible de l'éviter.

Est-on en droit d'admettre que la suppuration puisse se produire en dehors de l'élément microbien? Telle est la question qu'ils se sont posée et ont résolue de diverses façons.

D'après les expériences d'Ogston, de Rosenbach, Cornil, Passet, etc., les suppurations aiguës développées chez l'homme et les animaux sont toujours d'origine bactérienne, tandis qu'il faut refuser à des substances chimiques irritantes, telles que le mercure, l'essence de térébenthine, l'huile de croton, etc., injectées sous la peau, ou dans les cavités séreuses, le pouvoir pyogène. Ces savants attribuent à un manque de précautions antiseptiques les résultats qui semblent infirmer leur manière de voir.

Telle n'est pas l'opinion d'autres observateurs : Uskoff, Orthmann, Gravitz de Bary, Zahn, qui admettent qu'on peut dans certaines conditions, provoquer de la suppuration en injectant au sein de tissus normaux et parfaitement désinfectés, les substances dont nous parlons.

J. Steinhaus a publié une monographie bonne à consulter sur le sujet[1].

Nous savons aujourd'hui que la diversité des résultats provient de ce que les expérimentateurs ont opéré sur des animaux d'espèces différentes, et à doses différentes.

Le mercure stérilisé injecté dans le tissu cellulaire du lapin et du cobaye ne produit pas de suppuration, tandis qu'il la provoque très abondamment chez le chien.

1. *Die Ætiologie der acuten Eiterungen.* Leipsig, 1889.

M. Massol, reprenant ces recherches, les a conduites de la manière suivante : Comme Cruveilhier, il injecte dans la veine marginale postérieure d'un lapin et dans la saphène d'un chien, du mercure préalablement porté à l'ébullition; mais il a soin de s'entourer de toutes les précautions antiseptiques.

Les quantités injectées sont de un quart à un demi-centimètre cube pour le lapin et de deux centimètres cubes pour le chien. Ces expériences, répétées sur cinq lapins et trois chiens, ont toutes donné les mêmes résultats, et les autopsies ont révélé les mêmes lésions. Les poumons sont roses et présentent par place de petits globules de mercure à peine voilés par le revêtement pleural. Sur certains points, les gouttelettes de mercure sont entourées d'une gangue grisâtre d'aspect purulent; à l'examen microscopique, on constate en effet qu'il s'agit de globules de pus.

Mais les lésions les plus frappantes sont celles du cœur. A l'ouverture du péricarde, on constate sur la face externe antérieure du cœur droit, surtout dans le voisinage du sillon interventriculaire, la présence de foyers blanc jaunâtre placés sous l'épicarde et communiquant à cette portion du cœur un aspect marbré comparable à celui de la coupe d'un poumon atteint de pneumonie caséeuse. En incisant, on trouve le myocarde transformé en une masse grisâtre assez cohérente, rappelant tout à fait l'aspect et la consistance du pus un peu inspicé. En pinçant avec une pince on voit le mercure sourdre de toutes parts sous forme de gouttelettes. En examinant avec soin sous l'eau la face interne du ventricule droit, on découvre des gouttelettes brillantes engagées sous le feutrage des muscles papillaires.

Il est certain qu'une bonne partie du liquide injecté est arrêtée dans le ventricule droit, a pénétré, labouré, disséqué l'épaisseur de la paroi de ce ventricule. Cette pénétration n'a pu s'effectuer par les artères coronaires, car la distribution interstitielle du mercure dans le myocarde est strictement limitée à la paroi du ventricule droit. D'autre part, pas une parcelle du mercure n'a pu franchir le poumon et pénétrer dans le ventricule gauche, car aucun viscère, ni le foie, ni la rate, ni les reins n'en renferme. Il faut donc admettre que le mercure a été chassé directement par les contractions du ventricule droit dans l'épaisseur de la paroi, soit par une solution de continuité de l'endocarde, soit par des orifices lymphatiques. En examinant au microscope le produit puriforme infiltrant le myocarde, on constate qu'il présente tous les caractères du pus. Nombre de lamelles colorées par le violet de gentiane, ne révèlent la présence d'aucun micro-organisme, et les ensemencements de ces produits puriformes effectués dans des bouillons et sur les différents milieux nutritifs solides, sérum, gélatine, gélose glycérinée, sont restés constamment stériles. Donc ce pus était absolument aseptique, et l'on peut dire que, *si cliniquement il n'y a pas de pus sans microbes, il est possible de produire expérimentalement une suppuration aseptique.*

Après la découverte des divers micro-organismes dont nous venons de parler, les bactériologistes cherchèrent de quelle manière ils exercent leur action sur l'organisme.

Leur tendance première fut d'admettre que le poison microbien était dû à la multiplication de ces éléments figurés, et à la décomposition des matières albuminoïdes rencontrées dans les milieux où ils évoluent.

Cette théorie, quoique encore admise aujourd'hui par la plupart d'entre eux, est en voie de modification, et quelques auteurs sont disposés à croire que le rôle attribué aux matières albuminoïdes pourrait bien n'être pas aussi exclusif qu'on l'a pensé tout d'abord.

Guinochet, faisant pousser le bacille de la diphtérie dans de l'urine dépouillée de toutes matières albuminoïdes et laissée à l'étuve pendant plusieurs semaines, démontra que le produit filtré contenait les toxines diphtéritiques suffisantes pour tuer les animaux inoculés.

Ces faits prouvent donc que la décomposition des matières albuminoïdes n'est pas la cause *sine qua non* de la toxicité des produits diphtéritiques, et tendent à établir que cette toxicité émane directement des bactéries, dont elle représente bien réellement l'activité synthétique.

Les recherches des savants modernes se sont toutes dirigées vers l'étude de ces problèmes complexes, pour la solution desquels ils ont déjà réuni d'importants matériaux. Mais qu'il me soit permis, à cette occasion, de présenter une observation.

J'ai suffisamment rendu hommage aux hommes de laboratoire pour que je me croie autorisé à signaler un travers dans lequel ils tombent volontiers (qu'ils se nomment histologistes, anatomo-pathologistes, bactériologistes ou chimistes). Ils oublient un peu trop que les tissus morts, coupés, débités par eux, que les réactions sur des bouillons artificiels ou les transformations de la matière dans des cornues ne sont pas exactement comparables à ce qu'on observe dans l'organisme vivant, et ils arrivent ainsi à des conclusions parfois exagérées et décevantes pour le clinicien.

Si les germes avaient la même facilité à infecter la matière vivante que les masses expérimentales, la vie ne serait pas de longue durée : à peine entrevu, un organisme serait annihilé.

Il faut donc tenir grand compte, pour conclure dans les sciences expérimentales, de l'élément vie, et se bien pénétrer de l'intensité des luttes que soutient sans cesse le corps vivant et des nombreux moyens dont il dispose pour repousser les ennemis qui le harcèlent constamment.

L'accoutumance est une forme de ces résistances multiples, et nous savons jusqu'où elle peut aller. Elle se développe d'autant plus aisément et sûrement qu'on procède avec mesure, car ce n'est qu'à petites doses que le poison est toléré.

L'administration de ces quantités fractionnées nous est d'ailleurs bien connue en thérapeutique.

Une chose non moins curieuse, c'est de constater qu'il en est des microbes comme de nous-mêmes, c'est-à-dire que les remèdes que nous leur opposons finissent par user leur puissance, en sorte que le microbe qu'on détruisait facilement au moyen de tel antiseptique, arrive à s'accommoder si bien au milieu qu'on lui impose, que, non seulement il y résiste, mais s'y multiplie. Il faut toutefois, pour permettre à cette surprenante faculté d'accommodation de s'établir, qu'il y ait administration lente de l'antiseptique.

Kossiakoff a publié, dans les *Annales de l'Institut Pasteur*, de curieuses remarques sur ce sujet ; elles démontrent qu'il est fort possible qu'un antiseptique, actif au début d'un traitement, cesse bientôt de l'être et doive être remplacé par un autre, cet autre fût-il, en réalité, moins antiseptique que le premier.

D'ailleurs, l'observation clinique enregistre des faits du même ordre.

On sait que l'effet d'une injection uréthrale s'use assez rapidement. Les gonocoques, s'habituant sans doute au liquide qui doit les tuer, reparaissent plus nombreux, et force est bien de modifier la formule pour arriver au résultat cherché.

Mais il ne faut pas considérer seulement l'action des antiseptiques sur le microbe lui-même, il faut aussi se rendre un compte exact des modifications qu'ils déterminent dans les sécrétions microbiennes et sur le terrain de culture.

Un exemple : on a souvent constaté la présence de micro-organismes vivants sous des pansements qui pouvaient passer pour antiseptiques, à en juger par l'état du malade qu'ils protégeaient.

Il faut bien admettre, dans ces circonstances, que ces micro-organismes n'étaient plus dans des conditions de vie et de prospérité normales, ou que la plaie au contact de laquelle ils se trouvaient avait été modifiée de telle sorte que les microbes, pas plus que leurs sécrétions, ne pouvaient plus l'entamer.

Il est possible aussi d'admettre, comme on l'a fait, que sous l'influence de l'agent antiseptique, l'organisme ne soit imprégné qu'à petites doses par les produits microbiens et acquière ainsi peu à peu une sorte d'immunité.

Quant aux antiseptiques, nous savons qu'ils sont

loin d'agir tous avec la même intensité; aussi a-t-on tenté de les classer suivant la puissance de leurs effets; mais un tel classement présente des difficultés pour ainsi dire insurmontables.

Car s'il est possible, à la rigueur, d'établir des bases d'expérimentation très sensiblement identiques dans un laboratoire, et d'arriver à déterminer approximativement le pouvoir antiseptique de substances chimiques, on ne saurait conclure de là au maintien de cette même échelle lorsque le problème se trouve transporté de la cornue à l'animal vivant.

C'est surtout les spores du charbon qui ont servi de base à ces essais.

Des expériences de ce genre sont fort difficiles à conduire, car il faut non seulement arriver à différencier les micro-organismes les uns des autres, mais encore trouver des milieux de culture favorables à leur reproduction.

Une autre difficulté est la suivante. Lorsqu'on transporte sur un de ces bouillons reconnu fertilisable un fil sur lequel on a essayé de détruire, au moyen de l'antiseptique dont on cherche à apprécier la force, les micro-organismes qu'on y avait préalablement déposés, on s'expose à transporter par la même manœuvre la victime et le poison et à rendre de ce fait le bouillon révélateur absolument muet.

Il est démontré, en effet, que des quantités relativement très faibles, trop faibles pour tuer un microbe, peuvent être assez fortes pour rendre un bouillon absolument impropre au développement de ce même microbe.

On comprend combien il faut de soins pour n'apporter

au liquide qui doit décider de la vie ou de la mort de l'animal en expérience aucune substance capable de troubler l'expérience... et le bouillon !

Aussi les lavages préalables, la neutralisation des agents chimiques à l'étude ont-ils été essayés de maintes manières.

Mais là ne s'arrêtent pas les difficultés ; il en est encore qui dépendent du microbe lui-même. Ainsi, lorsqu'on expérimente sur les bacilles du tétanos, du charbon, de la tuberculose, qui, comme nous l'avons dit, peuvent, suivant les circonstances, revêtir la forme de spores ou conserver celle du bacille, on se trouve en face d'un compte en partie double difficile à balancer.

La question se complique encore lorsqu'on considère que le même microbe est susceptible, tout en conservant sa forme, de perdre ou de gagner en virulence, sans qu'il soit toujours possible d'apprécier à l'avance ces variations.

Toutes ces raisons font prévoir combien la classification des antiseptiques est chose délicate et aléatoire.

Aussi les découvertes solides faites dans ce domaine présentent-elles un réel intérêt.

Après ce que nous avons dit de la puissance toxique de certains microbes et de leur résistance aux agents de désinfection, il semblerait qu'on dût se décourager et lâcher pied dans la lutte engagée contre eux.

Kitasato nous apprend en effet que l'acide phénique à 5 0/0 tue le spore du bacille tétanique en 15 heures seulement. Si on ajoute à cette solution 5 0/0 d'acide chlorhydrique, il ne faut plus que 2 heures.

La liqueur de Van Swieten exige 3 heures de contact pour détruire le bacille.

On voit donc l'impasse dans laquelle nous serions relativement à ces organismes si résistants, si nous n'avions encore à notre disposition d'autres ressources telles que l'action mécanique. C'est en effet à des lavages répétés, à l'ablation de parcelles mal nourries, contusionnées, à l'éloignement de caillots inertes que nous devons recourir lorsque nous redoutons de pareilles infections.

Et si, tous ces efforts accomplis, nous revenons à cette consolante pensée que l'organisme lui-même se défend activement, nous pourrons bien souvent espérer une guérison qui théoriquement paraissait impossible.

L'existence de microbes spécifiques, et leur importance au point de vue de l'étiologie des accidents infectieux, sont les doctrines sur lesquelles s'appuie toute la thérapeutique moderne, et l'étude des connaissances que ces données nouvelles ont fournies à la pratique mérite à juste titre de fixer notre attention.

Nous étudierons donc dans les chapitres qui vont suivre les moyens les plus sûrs pour créer autour du malade un milieu aseptique, et les procédés les plus propres à assurer sa désinfection ainsi que celle de tout ce qui sera, pendant et après l'opération, en contact avec lui.

V

SALLE D'OPÉRATIONS

Plusieurs salles sont-elles nécessaires? — Exagérations. — Éclairage, chauffage, sol, forme générale. — Est-il permis d'y fumer?

Lorsque je vis Volkmann pour la première fois à Halle, en 1877, il avait pour salle d'opérations, une sorte d'atelier de photographe aussi mal agencé que possible, et pour chambres de malades de pauvres réduits fort peu confortables.

Quelques chaises percées installées dans les armoires de ces taudis tenaient lieu de water-closets.

Il se dégageait de tout cela des odeurs atroces que voilaient à peine d'abondantes vapeurs phéniquées.

Inutile de dire combien, avant l'antisepsie, les résultats étaient déplorables dans un pareil milieu. Mais Volkmann, comprenant tout le parti qu'il pouvait tirer de la nouvelle méthode antiseptique s'y lança corps et âme. Bientôt il pouvait s'écrier avec joie : « Maintenant je guéris mes malades en les opérant dans un endroit aussi sale et puant qu'un urinoir public! »

Quelques années plus tard je le retrouvai dans un palais chirurgical. Tout avait été construit et installé suivant les plans du maître, avec un luxe inouï.

Lorsque je lui demandai ce qu'étaient devenus ses résultats à la suite de cette transformation :

« Fort peu différents, mais nous avons un peu moins de peine à les obtenir. »

Telle fut sa réponse, tel est le mot vrai !

Dans un milieu propre et salubre, le succès est plus facile, voilà tout ! Et c'est là qu'éclate toute la valeur de la méthode.

En se tenant fermement aux principes, on obtient des résultats excellents dans des locaux très imparfaits.

Est-ce à dire qu'il faille pour cela se compliquer la besogne en négligeant le possible? Non, sans doute; mais on conviendra que le luxe s'est réellement glissé dans nos installations, et qu'on attache une importance exagérée à des détails absolument insignifiants.

Dans les grands hôpitaux, où le mouvement des malades est énorme, qu'on ait plus de souci qu'ailleurs de la salle d'opérations, rien de plus logique. Elle doit être surveillée et entretenue dans un état de propreté parfait.

Un seul local est certainement insuffisant. En avoir deux, l'un servant aux malades infectés, et l'autre à ceux qui ne le sont pas, est la juste mesure; mais de là à réclamer des locaux pour toutes les catégories de malades, il y a loin.

Il est clair que pour suivre jusqu'à leurs extrêmes limites les exigences d'une antisepsie sans défaillance, il faudrait avoir trois ou quatre salles d'opérations; mais si l'on songe que l'appareil instrumental doit être strictement réservé à chaque salle et n'en sortir sous aucun prétexte, que les mêmes considérations s'imposent pour le personnel et les pansements, on s'arrête !

Je crois donc qu'en dehors d'épidémies invraisemblables, un chirurgien soigneux parviendra sans trop de peine à se tirer admirablement d'affaire s'il dispose de deux locaux bien distincts pour opérer ses malades.

Le profeseur Neuber, de Kiel, a porté le nombre de ses salles d'opérations à cinq ! On pourrait aussi opérer chaque malade dans sa chambre !

Quoi qu'il en soit, lorsqu'on possède un pareil luxe de locaux, cela impose un triage de malades qui n'est pas sans offrir quelques difficultés.

Une question qui doit se présenter alors souvent à l'esprit est celle-ci :

Vaut-il mieux opérer un malade non infecté dans la salle des infectés, ou l'inverse ?

Au point de vue de l'individu, la réponse ne saurait faire de doute ; mais au point de vue de la collectivité (et c'est celui qui doit primer), la question est bien différente.

Un malade dirigé, par erreur, sur la salle dans laquelle on opère les infectés, aura bien des chances de n'en point trop pâtir, et de sortir de ce guêpier sain et sauf ; car, l'erreur vite reconnue, l'intrus deviendra l'objet de toutes les sollicitudes et bénéficiera largement de la méprise.

En revanche il est moins indifférent d'introduire un érysipèle, un phlegmon grave, une gangrène gazeuse dans une salle qui doit rester aussi vierge que possible de tout germe pathogène.

Donc il vaut mieux dans le triage des malades considérer plutôt tout entrant comme suspect.

Les conséquences des erreurs dépendant de cette

manière de voir seront assurément les moins difficiles à réparer.

Examinons maintenant quelles sont les conditions que doit remplir une bonne salle d'opérations.

Elle doit être haute, facile à aérer comme à chauffer; le jour lui viendra de préférence par un seul côté et de haut, de telle sorte que lorsque l'opérateur tourne le dos à la lumière, le champ opératoire soit le point particulièrement éclairé.

La lumière venant de tous côtés est mauvaise à cause de sa diffusion même.

On s'aperçoit surtout de cet inconvénient lorsqu'il s'agit d'inspecter une cavité.

Quelque opération d'urgence pouvant se présenter la nuit, il faut également disposer d'un éclairage artificiel convenable.

L'électricité est certainement la meilleure source de lumière; avec elle on ne risque ni de se brûler, ni de se surchauffer la tête pendant l'opération, comme cela arrive aisément avec les lampes ou le gaz.

Les sources d'éclairage qui développent de la chaleur ont encore l'inconvénient d'établir des courants d'air, par conséquent, de déplacer des poussières.

A défaut de ce précieux auxiliaire, l'électricité, c'est encore le gaz qu'il faudra préférer. Un réflecteur mobile pouvant concentrer les rayons lumineux est souvent indispensable.

Le sol doit être d'un nettoyage facile, c'est-à-dire constitué par une substance dure et polie (mosaïque ou ciment, peu importe). Il faut surtout qu'il présente une déclivité assez accusée pour que les liquides s'écoulent aisément.

Une conduite d'eau correspondant à l'angle de la pièce, ou passant directement au-dessous de la table d'opération, emmènera les liquides et sera pourvue d'un coupe-vent fonctionnant bien, afin d'éviter toute mauvaise odeur.

Les parois doivent être lisses, faciles à laver; la peinture à l'huile est parfaitement suffisante, et son entretien fort simple.

Le chauffage de la chambre mérite d'arrêter quelques instants notre attention.

En effet, nous opérons des malades qui ont souvent perdu du sang et qui vont en perdre encore; malades impressionnés, tremblants, auxquels nous imposons, dans l'intérêt de l'asepsie, un minimum de vêtement vraiment excessif; des lavages, des aspersions de diverses sortes, vont peut-être encore leur soustraire du calorique. Il importe donc que le milieu dans lequel on les opère soit, d'une façon constante, à une certaine température. Sur ce point encore les avis sont partagés et de grandes exagérations se produisent à propos du degré de chaleur adopté.

Dix-huit à vingt degrés suffisent parfaitement pour les interventions ordinaires; tandis que, pour celles de longue durée, très sanglantes, ou portant sur l'abdomen ou la poitrine, une température d'environ 25 degrés est peut-être nécessaire.

Je sais qu'on a été beaucoup plus loin : mais alors, réellement, la vie n'est pas tenable pour le chirurgien, surtout s'il est resté fidèle au spray.

Il faut d'ailleurs une foi solide en la méthode pour tolérer ce brouillard phéniqué qui remplit le nez et brûle la peau. J'ai été d'autant plus heureux de pouvoir l'abandonner, que j'en ai plus longtemps souffert.

Revenons aux moyens de chauffage afin d'établir quels sont ceux qui assurent le mieux une température égale et constante, dépourvue de fumée et de poussière. Pour éviter tout courant d'air, nous ne placerons sous aucun prétexte la porte d'un fourneau, non plus qu'une bouche de calorifère, dans la salle d'opérations.

Le chauffage au moyen de tuyaux, dans lesquels circule constamment de l'eau chaude, est de beaucoup le meilleur de tous.

Ces tuyaux, contournant la partie basse de la salle, lui cèdent constamment une chaleur douce, graduable, ne répandant ni fumée, ni odeur, ni poussières.

Les horticulteurs ont dès longtemps adopté ce système dans leurs serres, pour mener à bien les plantes rares dont ils ornent jardins et salons. Il n'est d'ailleurs pas très coûteux puisqu'il consiste en une chaudière de petite taille et un tuyautage en somme assez simple.

Un autre avantage de cette installation est de pouvoir adapter un appareil approprié à ces conduits, pour avoir constamment à portée et à discrétion de l'eau à une température élevée.

Cette eau sera d'un grand secours pour le lavage du sol après les opérations.

En dehors de ce chauffage, c'est au poêle en faïence qu'il faudrait donner la préférence.

La forme de la salle d'opérations a été souvent discutée : elle est au fond assez indifférente.

Dans le but d'éviter tout recoin suspect, on a proposé d'arrondir les angles.

Je n'y vois aucun inconvénient.

Une chose beaucoup plus importante, c'est le choix du mobilier.

Pour qu'il n'y ait pas d'encombrement, on disposera le long des murs une tablette, si possible de verre ou de lave émaillée, sur laquelle seront placés les bocaux destinés à renfermer liquides antiseptiques, pansements, etc. Deux ou trois douches en verre suspendues au plafond serviront aux irrigations.

Un système très simple de cordes et de poulies permettra d'en régler la hauteur.

Il est très commode aussi d'avoir, fixée au plafond, une barre solide, sur laquelle on puisse prendre un point d'appui pour exercer des tractions de bas en haut, soit pour faciliter l'extirpation de tumeurs, comme je l'ai proposé, soit pour soutenir un membre ou le bassin des malades pendant l'application de bandages ou d'appareils. Rien n'est plus avantageux que ce dispositif pour la pose de bandages plâtrés, par exemple.

Si nous ajoutons à cela deux ou trois tabourets légers, une table roulante pour les instruments, et la table d'opérations nous aurons terminé l'aménagement de ce local qu'on s'est si souvent évertué à compliquer.

Il est clair que si l'on voulait réaliser la salle d'opérations idéale, le chirurgien finirait par opérer dans une sphère du plus pur cristal, dont les parois seraient constamment arrosées par une veine fluide de solution sublimée au millième, pour le moins!

Mais si vraiment de telles précautions étaient nécessaires, il faut avouer que la chirurgie serait réservée à de bien rares privilégiés.

Doit-on fumer dans une salle d'opérations? ou, pour mieux dire, est-il permis d'y fumer?

N'étant ni membre de la ligue contre l'abus du tabac, ni réfractaire aux savoureux effluves d'un puros, je ne saurais être passible du reproche de parti pris en disant que tant qu'un malade est dans la salle d'opérations, la fumée de tabac doit être proscrite : à plus forte raison lorsqu'il s'agit de l'anesthésier.

Il ne saurait être indifférent de saturer de fumée l'air dont on aura peut-être besoin tout à l'heure, pour raviver un opéré subitement menacé d'asphyxie.

Je veux croire qu'une cendre de cigare tombée dans une plaie ne l'infecte pas ; mais, est-on sûr que la main qui tout à l'heure retirera de la bouche ce cigare, n'inoculera pas quelques parcelles d'une salive au moins suspecte ?...

Il pourrait encore se faire que des vapeurs d'éther prissent feu au contact du cigare, et qu'un accident fort désagréable se produisît.

Enfin, la fumée de tabac n'a pas même l'excuse d'être un désinfectant, comme l'insinuent parfois les intéressés pour faire pardonner leur faiblesse, et elle masque à peine les mauvaises odeurs.

VI

TABLE D'OPÉRATIONS

Le choix d'une table d'opérations a bien aussi son importance.

Autrefois, ce meuble était un vrai monument, qu'il fallait quelque peu escalader pour atteindre jusqu'au malade.

Ce matériel encombrant a été peu à peu remplacé par des meubles beaucoup plus bas et plus étroits.

Il faut que de toute façon le chirurgien domine la situation; aussi, doit-on, pour ainsi dire, tout sacrifier à ses aises, voire même les convenances du malade, lequel n'est là d'ailleurs que passagèrement.

La table n'a donc nul besoin de représenter un lit vaste et commode; car l'opéré, entouré comme il l'est par les aides, ne risque nullement de tomber. Tout plaide donc en faveur des tables basses et étroites.

Pour préciser, donnons couramment à ce meuble 85 centimètres de hauteur sur 48 de largeur et $1^{m},80$ de longueur.

La solidité est une condition à laquelle il faut veiller; inutile d'en démontrer les motifs.

Une qualité maîtresse est, avant tout, la facilité du

nettoyage. On peut l'obtenir, soit en choisissant des substances lisses qui se laissent difficilement imprégner, c'est-à-dire contaminer, soit en se servant de matériaux qu'il sera aisé de désinfecter ou peu coûteux de détruire.

Dans cette seconde catégorie nous placerons les matelas faits, pour la circonstance, de laine de bois par exemple.

Mais il est mieux, sans contredit, d'utiliser le verre ou le métal :

Le verre a l'immense avantage de ne pas être attaqué par le sublimé, et de conserver sans peine aucune son poli.

Le professeur Jacques-Louis Reverdin et moi, avons fait construire, il y a plusieurs années déjà, une table d'opérations qui nous rend les meilleurs services. Elle mesure $1^{m},80$ de longueur; soit $0^{m},60$ pour la partie correspondant à la tête et aux épaules, et $0^{m},60$ pour le reste du tronc.

Quant aux membre inférieurs, loin de les abandonner à eux-mêmes, nous leur réservons, au contraire, une petite table spéciale, très aisément transportable, qu'il est facile d'approcher ou d'éloigner à volonté de la table principale, et qui mesure, elle aussi, $0^{m},60$.

Les avantages de cette combinaison sautent aux yeux. En effet, si on la rapproche, elle complète la table principale, et offre toutes les garanties de solidité possibles. Si, au contraire, il y a utilité à l'éloigner, rien de plus simple et de plus commode. Et nombreuses sont les circonstances qui commandent cet agencement. Toutes les fois qu'il s'agira de placer un pansement sur la cuisse, le genou, la partie supérieure de la jambe, la petite table écartée laissera un espace libre absolument proportionné aux besoins, tandis que le membre, admirablement soutenu par elle, recevra les bandages nécessaires.

On peut dire sans exagération que de la sorte on économise un aide. Des roulettes folles placées à deux des pieds de la petite table ne diminuent en rien sa solidité et facilitent son transport.

S'agit-il au contraire de porter l'instrument sur le périnée ou les organes voisins, l'enlèvement de la petite table nous laisse en face d'une table gynécologique type, surtout si on tient compte d'une disposition spéciale, qui offre aux pieds du patient un appui solide et commode.

Chacun de ces trois segments de table est recouvert d'une épaisse plaque de verre de 0m,60 de long sur 0m,45 de large.

Pour avoir la certitude de n'être en contact, au cours de l'opération, qu'avec le verre lui-même, nous avons choisi des plaques assez grandes pour qu'elles débordent le meuble de tous côtés.

Cette disposition rendait un peu compliqués les moyens de fixation des plaques, d'autant plus qu'il fallait que tout pût se démonter facilement, afin de rendre le nettoyage rapide et sûr.

Nous avons adopté le système suivant : quatre excavations de forme conique creusées aux dépens de la face inférieure de la plaque de verre reçoivent quatre saillies métalliques, qui sont assujetties au cadre sur lequel repose la plaque.

Ces excavations n'intéressant que la moitié de l'épaisseur du verre, l'empêchent de glisser de côté et d'autre, mais seraient insuffisantes à le retenir dans un mouvement de bascule s'il était plus léger : c'est donc par son poids combiné à l'emboîtement des saillies et des excavations que la plaque acquiert la fixité voulue. Des gouttières de bronze placées en contre-bas des plaques emmènent les liquides qui découlent pendant l'opération.

La sage préoccupation de construire des tables facilement aseptiques a inspiré nos fabricants, et l'on pouvait admirer à l'exposition de 1889 les efforts faits dans ce sens.

Collin, Mathieu, Mariaud, Aubry, ont établi des modèles en métal fort ingénieux, parfois un peu compliqués, mais réalisant, chacun dans son genre, des progrès, tant au point de vue de l'application des principes modernes, qu'à celui des pansements, de l'opération et même du transport des malades.

Des meubles beaucoup plus simples peuvent rendre également de bons services à la condition d'être recouverts d'une toile imperméable minutieusement désinfectée après intervention.

La table du professeur Julliard, composée d'une longue caisse de zinc dont la partie supérieure légèrement excavée est percée de larges trous, permet un facile écoulement des liquides. Son prix peu élevé et ses réelles qualités en font une bonne table de clinique.

VII

INSTRUMENTS

Une réforme générale s'est produite dans la fabrication des instruments depuis que l'asepsie, se substituant à l'antisepsie, a fait de l'autoclave son palladium.

Il faut aujourd'hui des instruments qui résistent à de hautes températures, sèches ou humides.

Les habiles fabricants qui forgent nos armes ont vite compris ce que la nouvelle technique réclamait d'eux; aussi, la dernière exposition internationale (1889), fut-elle un brillant tournoi, dans lequel les modèles les plus simples, les plus commodes, les plus résistants se disputèrent les suffrages de la chirurgie nouvelle.

Le bois, l'ivoire, l'écaille, la corne, ont disparu; le métal a tout remplacé.

On ne songe qu'à faire des instruments d'une seule pièce, ou tout au moins pourvus de manches métalliques fixés aux lames par la soudure forte ou par quelque inaltérable rivet.

Dans le choix des instruments, nous devons prêter aussi une grande attention aux articulations; il les faut simples, solides, faciles à ouvrir.

D'ingénieux dispositifs ont été présentés; chaque

fabricant a tenu à honneur d'être le parrain de l'un d'eux; on n'a donc que l'embarras du choix.

Impossible d'entrer ici dans les détails, pourtant si intéressants, de cette industrie, mais on ne saurait trop dire combien la coutellerie française a fait de merveilleux progrès en peu d'années, et à quelle distance elle marche en tête des autres nations.

Les pinces, les aiguilles tubulées, les scies sont, parmi les instruments d'emploi journalier, ceux pour lesquels la propreté absolue est le plus difficile à obtenir.

Ce sont les pinces surtout qui, servant à tout propos, ne sauraient être trop surveillées. Qui dira jamais toutes les infections dues à leur morsure!

Les doigts seuls peuvent leur disputer le pas dans les nombreux et tristes revers du passé; et, chose fatale, c'est à elles que nous avons sans cesse et forcément recours.

La désinfection des instruments étant de toute importance, nous l'étudierons en détail.

Il faut d'abord se bien pénétrer de l'idée que c'est la graisse qui s'oppose surtout à cette désinfection, en fixant à leur surface nombre de détritus nuisibles. Le sang, le pus, les débris de tumeur, les microbes et leurs produits mélangés à la graisse des tissus, forment des enduits variés, qu'on déloge à grand'peine des replis du métal.

Il est donc tout indiqué, lorsqu'on veut nettoyer un instrument, de le plonger dans des solutions alcalines (carbonate de soude 1 0/0) capables de dissoudre ces malfaisantes combinaisons. Après chaque opération les instruments séjourneront pendant un quart d'heure environ dans une eau savonneuse portée à une température voisine de l'ébullition. On les brossera énergiquement en tous sens.

Une fois rincés dans l'eau chaude, on les essuiera soigneusement pour les replacer dans les vitrines, et chaque fois qu'il s'agira de s'en servir, on les soumettra pendant vingt minutes à l'action de l'autoclave. Au sortir de cet appareil, ils seront immergés dans une solution d'acide phénique à 3 0/0. Une serviette stérilisée les recouvrira jusqu'au moment où la main d'un aide les prendra pour les tendre à l'opérateur.

Tel est le mode de désinfection le plus sûr. Si nos mains pouvaient subir les mêmes épreuves, il n'y aurait plus grand'chose à envier à la perfection!

Mais, — il y a un mais, — si tous les instruments métalliques, nouvelle manière, soutiennent *sans trop s'altérer* ce traitement intensif, il en est d'autres pour lesquels on a dû chercher des moyens plus tempérés.

Tous les instruments, dans la composition desquels entrent certains caoutchoucs ou des tissus délicats, doivent être désinfectés par d'autres procédés : telles sont les bougies et les sondes.

Ces instruments, qui doivent conserver leur poli, s'accommodent mal des désinfections faites avec les liquides.

Un lavage au sublimé est possible, mais ne doit ni durer longtemps, ni se répéter souvent; il n'est donc pas question de conserver sondes ou bougies dans une solution de sublimé, comme on peut le faire pour les fils à ligature ou les drains.

Dès que l'immersion se prolonge, la surface de ces instruments devient grenue comme de la peau de chagrin, et des fissures ne tardent pas à se produire.

Or, les moindres éraillures de leur surface sont à craindre, non seulement comme offense pour le canal, mais surtout comme refuge propice aux microbes.

Lorsqu'on retire une sonde de gomme d'une vessie, malade ou non, il faut y faire passer un fort jet d'eau pendant quelques instants. Après ce balayage mécanique, la brosser à l'eau de savon, puis la passer dans une solution phéniquée à 5 0/0 ou sublimée à 1 0/00.

Tout cela est compliqué sans doute, mais ce qui est plus grave, c'est que, d'après les recherches consignées par H. Delagenière dans une thèse intéressante, ces précautions ne suffisent pas toujours. Des bulles d'air peuvent, paraît-il, persister sur quelques points de la sonde, et empêcher l'action des antiseptiques.

Telle est du moins sa conclusion, après examen de sondes ayant trempé pendant plus de vingt-quatre heures dans une solution de sublimé au millième.

Ces résultats font regretter l'autoclave.

Quelques auteurs veulent que son action soit tolérée, d'autres affirment que les sondes de gomme ne la supportent pas.

Il s'agit de s'entendre.

Les sondes ne sortant pas toutes de la même fabrique, ne sont pas plus identiques dans leur composition que dans leur durée.

Il faut donc choisir celles qui résistent le mieux.

Je dis le mieux, car, quelles qu'elles soient, toutes finissent par s'altérer sous l'influence de la chaleur sèche, comme de la chaleur humide.

M. Vergne a construit des sondes et des bougies, dont la surface caoutchoutée résiste plus longtemps aux températures sèches suffisantes à leur désinfection.

D'un autre côté, le Dr Albarran, qui a été l'inspirateur de cet heureux perfectionnement, a bien voulu me donner quelques renseignements précis sur un autre mode de stérilisation employé dans le service de son maître, le professeur Guyon.

Je ne puis mieux faire que de les transcrire ici :

« Depuis longtemps M. Guyon se sert, pour la stérilisation des éponges, d'un appareil très simple construit sur ses indications, dans lequel l'acide sulfureux s'obtient par l'action de l'acide chlorhydrique sur le bisulfite de soude.

« Cet appareil est formé par une cage rectangulaire au fond de laquelle existe un récipient qui contient le bisulfite : un tube par lequel on verse l'acide chlorhydrique fait communiquer ce récipient avec l'extérieur ; au-dessus du récipient existe une grille en bois qui reçoit les éponges. Nous avons utilisé cet appareil pour la stérilisation des sondes, et nous nous sommes assuré, par les cultures bactériologiques, que trois heures de séjour dans l'appareil suffisent pour stériliser des sondes infectées.

« Ce procédé présente le grand avantage de pouvoir être employé un très grand nombre de fois sans que les sondes, quelle que soit leur variété, gomme, gutta-percha ou caoutchouc, éprouvent une altération quelconque. Il va sans dire qu'on ne peut employer l'acide sulfureux pour les instruments métalliques. Ce procédé est excellent et conserve *indéfiniment les sondes.* A la maison, il est facile de faire la stérilisation avec un appareil plus simple. Deux flacons sont réunis par une tubulure : le premier contient du bisulfite de soude et de l'acide chlorhydrique ; le second, qui reçoit par la tubulure l'acide sulfureux dégagé, renferme les sondes.

« Ce second flacon a, dans le bouchon, un tuyau de dégagement qu'on fait communiquer avec l'air extérieur.

« Les sondes aseptiques sont conservées dans de larges tubes en verre bouchés à l'émeri (aseptisés par l'ébullition) d'où on les retire avec une pince au fur et à mesure des besoins.

« *A la clinique*, pour ne pas être obligé de déboucher constamment les tubes, les sondes sont mises pendant la visite dans un plateau contenant du biiodure à $\frac{1}{5\,000}$. *Pour la ville*, j'emporte un des gros tubes en verre dont je viens de parler.

« Les sondes, propriété du malade, sont stérilisées par ébullition, et conservées dans l'eau naphtolée saturée. Elles s'abîment au bout d'un certain temps; mais en somme, dans ce cas, la dépense est minime; il n'en serait pas de même à l'hôpital ou à la maison, car on a besoin de beaucoup de sondes. »

Le Dr Albarran conclut par ces mots :

« Les sondes que j'ai fait construire, et dont le vernis est en gutta-percha et caoutchouc, résistent mieux que les autres, mais finissent par s'altérer quand on les stérilise plusieurs fois. »

Il ressort de ces intéressantes études que le dernier mot n'est pas encore dit sur le sujet, car, s'il est possible de désinfecter les instruments de métal et de caoutchouc sans les détériorer, cette sécurité est, comme on l'a vu, difficile à atteindre pour ceux en gomme.

Une fois l'asepsie des sondes obtenue, il faut la leur conserver : la précaution qui consiste à les renfermer dans des tubes de verre est bonne, mais peu commode; aussi Poncet a-t-il fait construire un petit meuble à tiroirs de profondeur variable, il y place les sondes dans un lit de talc aseptisé par le passage à l'étuve chauffée à 140°.

Le talc isole suffisamment les instruments pour que, comme l'ont prouvé les expériences de Gabriel Roux, ils restent dans ces conditions longtemps aseptiques.

J'ai moi-même donné le modèle d'un bocal de verre fermé par une lame de zinc percée d'ouvertures; les sondes, placées de pointe dans ce récipient, dépassent cette lame de trois à quatre centimètres; rien n'est donc plus facile que de les en sortir.

Un simple couvercle de métal haut de cinq centimètres protège le tout.

Du talc iodoformé occupe le fond du bocal.

Lorsqu'on veut sonder un malade, on choisit l'instrument convenable puis on referme de suite le couvercle.

Les sondes ainsi mises à l'abri de la poussière, et plongeant sans cesse dans une atmosphère iodoformée, se trouvent dans de bonnes conditions pour rester aseptiques.

Un instrument de pratique courante dans la chirurgie des voies urinaires, c'est la seringue. S'il est parfois possible de lui substituer la douche, il est des cas pour lesquels rien ne vaut une bonne seringue. Elle donne en effet, à la main qui pousse le piston, la juste sensation de la résistance vésicale.

On sait combien il est important de ne pas dépasser certaines pressions, surtout lorsqu'on injecte des vessies malades.

Les pistons sont ordinairement faits de cuir, et cette

substance ne supporte absolument pas l'autoclave, ce qui en rend la désinfection difficile. Aussi Albarran, après de nombreux essais, a-t-il adopté le procédé suivant pour les seringues et l'aspirateur en usage dans la lithotritie. Il remplit ces instruments avec une solution de nitrate d'argent au millième. Une demi-heure de séjour de cet antiseptique dans le corps de pompe assure une asepsie parfaite, sans altération aucune. E. Desnos de son côté estime qu'il convient d'avoir deux pistons pour chaque seringue, et qu'en laissant baigner dans de l'huile phéniquée à 6 0/0 le piston dont on ne se sert pas, on en assure parfaitement l'asepsie.

Nous avons laissé entendre que les aiguilles sont aussi d'une désinfection importante et difficile; cela est vrai surtout pour les aiguilles tubulées, qu'elles portent les noms de Startin, de Bruns, de Reverdin, etc. Il ne faudrait pourtant pas s'exagérer cette difficulté au point d'abandonner, comme l'ont fait quelques chirurgiens, ces instruments qui, outre la commodité de leur emploi, assurent la rapidité et l'exactitude de la suture. Championnière a proposé de les nettoyer en les plongeant dans le chloroforme; c'est une bonne méthode, qui dégraisse à peu de frais les coulisses les plus suspectes, et laisse le métal nu, accessible aux antiseptiques qui achèvent de l'assainir.

Le flambage est encore un procédé rapide et sûr, mais qu'on ne peut prolonger sans risquer de nuire à la trempe.

Voici donc, je pense, lesdites aiguilles réhabilitées et rendues à la pratique.

Pour mon compte, j'y ai constamment recours, et les traite comme les autres instruments.

La seule précaution à prendre, c'est d'envelopper leur pointe avec de l'ouate pour éviter pendant le passage à l'autoclave des chocs nuisibles à la conservation de leur tranchant. Pour les scies, la scie à chaîne en particulier, il convient d'insister beaucoup sur la brosse; une brosse circulaire, mue par un volant, et devant laquelle on viendrait présenter les instruments, simplifierait beaucoup la tâche de l'infirmier.

Les seringues à injections sous-cutanées sont encore plus difficiles à nettoyer que les aiguilles. Les liquides qu'on fait passer dans leur canal n'y suffisent pas, non plus que le fil d'argent qu'on a coutume d'y placer. Il n'y a que l'autoclave ou le flambage qui soient efficaces; ce dernier est, on le comprend, bien plus à la portée de tous, aussi est-ce à lui qu'on s'adresse communément.

Le professeur Debove a rendu un grand service à la pratique hypodermique en imaginant de faire construire des aiguilles en *platine iridié*. Ce métal supporte sans s'altérer de hautes températures, et offre les qualités de résistance nécessaires pour fournir d'excellents instruments.

Un moyen de désinfection du piston de ces seringues par la chaleur, a été aussi poursuivi et trouvé.

Le professeur Straus constitue ses pistons avec une rondelle de sureau comprimée entre deux plaques métalliques qu'on rapproche à volonté au moyen d'un pas de vis taillé sur la tige du piston.

Lorsqu'on veut stériliser l'instrument, on le plonge tout entier dans l'eau bouillante, après avoir préalablement rempli la seringue.

Le sureau supporte aisément cette épreuve; et

d'ailleurs, s'il en était autrement, le dommage serait minime puisqu'il se bornerait au remplacement facile d'une rondelle sans valeur.

C'est dans la même intention qu'on a construit des pistons d'amiante, qui peuvent se flamber sans déchet.

La seringue du professeur Debove, qui est entièrement démontable, munie d'un piston en amiante et d'aiguilles de platine iridié, supporte admirablement la stérilisation absolue par la chaleur.

Pour conserver, dans les vitrines, des instruments à l'abri de la rouille, il suffit de placer près d'eux un flacon muni d'un entonnoir de verre et d'y déposer quelques cristaux de chlorure de calcium. Tant qu'il reste de ce sel dans l'entonnoir, l'air est absolument sec et la formation de la rouille par conséquent impossible.

Nous aurions encore bien des instruments à passer en revue pour être complets, mais les quelques principes généraux que nous avons rappelés nous paraissent suffisants.

Signalons, cependant, une pratique fort commode, sans doute, mais dangereuse : c'est celle qui consiste à faire apporter par le fabricant, pour chaque opération, les instruments dont on a besoin.

Dans la crainte d'en oublier quelques-uns, l'honnête auxiliaire du chirurgien en double bénévolement le nombre et arrive parfois à l'hôpital avec un véritable bagage instrumental. C'est accroître bien inutilement les chances d'infection.

Le mieux est de confier à un infirmier soigneux la direction de l'arsenal qui doit être attaché à chaque service. Rompu aux habitudes du chef, il saura mieux que personne si tout est prêt pour l'opération désignée.

En chirurgie, comme partout, on se paye souvent de mots ou d'apparences trompeuses. N'est-on pas tenté de croire qu'un instrument brillant du plus beau poli est plus propre qu'un vieux ? N'a-t-on pas cité des chirurgiens qui affectaient de briser le bistouri dont ils venaient de se servir?

Et pourtant, d'où sortent-ils ces aciers reluisants? Des mains d'ouvriers forcément souillées de graisse et de poussière ! Et, pour peu qu'on les ait passés sur la pierre à huile, qu'ont-ils bien pu y ramasser ?

Les instruments des vétérinaires, des anatomo-pathologistes, des équarrisseurs, et, chose plus sévère encore, ceux qui proviennent des laboratoires dans lesquels on manipule les virus que nous savons, ne passent-ils pas tous, ou peu s'en faut, sur les mêmes pierres à aiguiser?

Si même votre fabricant poussait l'honnêteté jusqu'à soumettre chaque fois à l'autoclave tous les instruments qu'il vous apporte, seriez-vous aussi certain de leur réelle asepsie que lorsque vous les recevez, tièdes encore, des mains de votre assistant responsable ?

Je ne saurais le croire.

Conclusion: Un hôpital doit avoir ses instruments, comme une caserne a ses fusils !

VIII

ÉPONGES ET COMPRESSES

Dès qu'il s'est agi de panser une plaie ou d'entamer les tissus dans un but opératoire, le besoin d'une substance apte à les nettoyer s'est fait sentir.

L'éponge a, pendant fort longtemps, joui de la faveur des chirurgiens, faveur bien méritée, car elle leur servait en maintes circonstances, son rôle principal étant de débarrasser les plaies du sang et des autres liquides qui entravent, par leur présence, l'acte chirurgical.

Il est difficile de trouver une substance plus absorbante, plus poreuse. Le verbe *éponger* a d'ailleurs consacré ses mérites. Son élasticité, sa souplesse, la douceur de ses contacts, en rendent l'usage agréable et commode.

S'agit-il d'exercer une compression douce, mais continue, c'est elle encore qui sera préférée.

Un pansement doit-il être particulièrement hermétique, placer sur lui une grosse éponge et la fixer à l'aide d'une bande, est une excellente pratique.

Ailleurs, c'est un trajet fistuleux, un canal rétréci qu'on désire élargir : l'*éponge préparée* saura vaincre de telles résistances, comme en témoigne journellement la pratique des gynécologues.

Malgré tous ces mérites, sans compter ceux de l'éponge brûlée, auxquels la médecine a parfois recours, l'éponge est plus ou moins délaissée.

Nombre de chirurgiens y renoncent, et il faut avouer que leurs griefs sont fondés.

L'éponge est un matériel coûteux, non seulement parce que son prix d'achat est élevé, mais aussi par le fait qu'elle se détériore rapidement.

Se déchirant trop aisément, elle sème, de-ci, de-là, quelques débris qui restent à titre de corps étrangers dans les tissus, ce qui n'est pas sans inconvénient.

Chose plus grave : rien ne ressemble davantage au milieu dans lequel on opère, qu'une éponge teinte de sang ; aussi n'en est-on plus à compter le nombre d'éponges, entières ou non, oubliées dans les diverses cavités du corps.

On a beau faire une addition méthodique des éponges, avant et après l'opération, il se glisse facilement quelque erreur.

Le chirurgien, dans un moment de presse, en divise-t-il quelqu'une à l'insu de son aide, le compte n'y est plus !

Le nettoyage des éponges est, en outre, chose difficile.

De nombreuses méthodes se sont succédé ; je ne décrirai ici que celle qui me paraît la meilleure.

Il faut, pendant que les éponges sont sèches, les battre dans une serviette, afin d'en extraire tout le sable qu'elles contiennent.

Pour compléter ce premier nettoyage, un séjour prolongé dans l'eau courante est nécessaire; puis vient un bain dans une solution de permanganate de potasse au millième ; mais comme cette substance donne à l'éponge une fort vilaine coloration brunâtre, on a encore recours à un bain de sulfite de soude au centième, acidifié par de l'acide chlorhydrique, en solution assez concentrée pour que le mélange prenne une teinte laiteuse.

Lorsqu'à la faveur de ces manipulations, les éponges ont acquis une coloration jaune pâle, elles ont beaucoup de chances d'être propres, mais un grand lavage dans l'eau bouillante est encore indispensable avant de les placer dans les récipients, où elles seront conservées dans la solution phéniquée à 5 0/0. — Confiants dans ce mode de désinfection, quelques chirurgiens n'hésitent pas à se servir de nouveau d'éponges ayant été au contact de liquides septiques.

Ils recommandent cependant de prendre des éponges neuves pour les interventions importantes. Je crois qu'ils ont raison, et que l'oubli de cette précaution pourrait conduire à bien des déboires.

Pour mon compte, malgré toutes les bonnes qualités que je reconnais aux éponges, j'ai depuis longtemps renoncé à les utiliser pendant les opérations.

Je n'ai qu'une confiance limitée dans les moyens de désinfection proposés, et, si même ils sont réellement efficaces, on devra tout au moins convenir que leur complication est excessive.

Le grand tort de l'éponge, c'est de mal supporter l'immersion prolongée dans l'eau bouillante, et plus mal encore le passage à l'autoclave à 120 degrés.

Si sa résistance était suffisante pour affronter sans faiblesse l'un au moins de ces moyens de désinfection, je serais tout disposé à la faire rentrer dans ma pratique; comme il n'en est rien, le mieux, selon moi, est de l'abandonner.

Pour être complet, ajoutons que l'éponge, suivant les expériences de Billroth et de Poupinel, peut être placée à plusieurs reprises durant 45 minutes dans l'autoclave chauffé à 60 degrés seulement, sans trop s'altérer.

Ce mode de stérilisation, bien connu en bactériologie sous le nom de *chauffage discontinu*, a pour but de faire éclore peu à peu les spores. Dès que cette germination est achevée, c'est-à-dire, dès que les spores se sont transformées en bacilles, la température de 60 à 80 tue ceux-ci. Quant aux autres germes plus sensibles, ils sont détruits en partie par cette même chaleur, en partie par les substances antiseptiques dans lesquelles on a plongé les éponges avant leur passage à l'étuve.

Ce procédé est en tout cas long, compliqué et peu précis; puis on se sent toujours bridé par la crainte de détériorer son matériel. Si les éponges, malgré leurs incontestables mérites, n'ont pas conservé la place presque exclusive qu'elles ont occupée pendant longtemps, que dire des tampons d'ouate hydrophile qui ont eu leurs partisans?

Les tampons d'ouate sont d'un mauvais usage, ils n'absorbent bien les liquides qu'à la condition de n'être pas trop fortement comprimés; et, dans cet état, ils laissent facilement, après emploi, quelques parcelles d'eux-mêmes dans les plaies. On peut, il est vrai, parer à cet inconvénient en les entourant d'une couche de gaze hydrophile; mais c'est encore là une complication que nous éviterons : il y a mieux que tout cela.

Je veux parler de la gaze hydrophile elle-même. Comme son nom l'indique, cette gaze absorbe à merveille les liquides; aussi, rend-elle d'inappréciables services à la chirurgie abdominale, sous forme de larges compresses, permettant de recouvrir et d'envelopper les intestins herniés, comme aussi de prévenir leur sortie, par une compression douce et efficace.

Mikulicz s'en sert pour faire le tamponnement qui porte son nom.

A la suite des extirpations du maxillaire, des résections partielles du pied, et dans bien d'autres épisodes de la chirurgie osseuse, elle joue un rôle hémostatique puissant.

En gynécologie, on l'introduit sous forme de longues lanières dans l'utérus, pour en dilater la cavité, ou retenir sur ses parois quelque topique. — Même usage pour le vagin. Lorsqu'on place avec méthode, par plis successifs, ces bandelettes de gaze dans une cavité, rien n'est plus simple que de les retirer en tout ou partie, sans effort, sans faire saigner.

En procédant de la sorte, on est certain de n'en point oublier; tandis qu'on ne peut prétendre à la même sécurité avec les tampons multiples, ou les éponges.

Les tampons, ou pour mieux dire les compresses de gaze hydrophile, doivent avoir une certaine épaisseur. Huit couches d'étoffe suffisent. Quant à leur grandeur, on peut couramment se contenter de deux dimensions : 12 centimètres de côté pour les petites, qui servent constamment à éponger; et 20 à 25 pour les grandes, qu'on applique par exemple sur la plaie résultant d'une amputation de sein, pendant que le chirurgien vide l'aisselle.

Ce sont elles aussi dont nous disions tout à l'heure les mérites au cours des laparotomies. La gaze hydrophile supporte bien la désinfection à l'autoclave; il est donc parfaitement inutile de la lessiver ou de la plonger dans des liquides antiseptiques. Ces préparatifs auraient pour premier résultat de la désagréger, d'en désunir les fils; ils sont d'ailleurs absolument superflus, si l'on a soin *de ne sortir les compresses de l'autoclave qu'au moment de s'en servir*. Chaudes et humides, elles se prêtent alors admirablement au rôle auquel on les destine. Au cours de l'opération, il peut être nécessaire de les tremper dans quelque solution antiseptique; mais, la plupart du temps, on se contentera de leur asepsie parfaite.

Les compresses qui n'ont pas été utilisées pendant l'opération seront soigneusement conservées dans un récipient de verre hermétiquement clos.

Quant à celles qui ont servi, on les jette volontiers, le prix de la gaze étant peu élevé; ou bien on les lave dans l'eau bouillante additionnée de carbonate de soude à 1 0/0 avant de les reporter à l'autoclave.

On peut les aseptiser ainsi une ou deux fois, pas davantage; mais il est bien entendu que ces *compresses de rebut* seront tenues à l'écart de toute opération importante, et ne seront employées que pour des cas qui ne nécessitent pas une pureté rigoureuse.

La gaze hydrophile tend chaque jour à se substituer à toutes les autres substances proposées. C'est là un très grand bien.

Ajoutons encore, au sujet des tampons, que, quelle que soit la substance choisie pour les confectionner, il importe qu'on les touche le moins possible. Or, de même qu'il est des orateurs qui ne peuvent parler sans brandir quelque objet ou tirailler leur chaîne de montre, de même nous avons parfois des aides qui ne sauraient tenir un tampon sans le pétrir dans leurs mains ou le rouler dans leurs doigts comme une cigarette.

Ces manipulations (malgré la consigne des mains propres) sont pleines de périls; aussi est-il important d'y mettre bon ordre. Dans un service bien tenu, on chargera une infirmière, autant que possible toujours la même et de préférence la plus propre, de fabriquer les tampons et de les passer au chirurgien. Pour cela, elle aura pendant l'opération, à portée de sa main, deux récipients de métal, de verre ou de fonte émaillée, peu importe, dont elle soulèvera le couvercle à chaque réquisition pour tendre au chirurgien ou à son aide, un tampon qu'elle aura saisi avec une pince stérilisée.

Ces récipients correspondront aux deux modèles de compresses que nous avons adoptés.

Quoi qu'un peu compliquée en apparence, cette manière de procéder devient rapidement excellente, et l'infirmière exécute son importante mission avec une rapidité presque automatique.

Inutile d'insister sur la sécurité qu'une semblable pratique donne à l'opérateur.

XI

TOILETTE DU CHIRURGIEN ET DE SES AIDES

Nous avons trop insisté sur les difficultés que présente la désinfection absolue des mains, pour qu'il n'en ressorte pas à l'évidence que, plus leur nombre est restreint, plus la sécurité augmente.

On a fait bonne justice de ces brillants états-majors qui, après avoir suivi le maître durant la visite, prenaient place autour de lui durant l'opération, sous prétexte de lui tendre quelque fil à ligature, pendant nonchalamment depuis des semaines au parement d'un veston, dont le prestige augmentait en raison directe de la saleté! Inutile de rappeler que ces habits crasseux circulaient sans cesse de la salle de garde à la salle d'autopsie, en passant par celle des malades. C'était le costume d'alors, la tenue d'ordonnance, le dernier cri de l'élégance chirurgicale!

Que les choses ont changé en peu d'années!

Mais voyons encore quelques détails de la question, qui ne laissent pas que d'être fort importants.

La main de l'opérateur doit être nue, j'entends par là dépourvue de bagues; le bijou qu'on décore du nom d'alliance n'est lui-même pas assez pur pour échapper à cet ostracisme.

Mais il est un autre objet beaucoup plus nécessaire, qui joue parfois au cours d'une opération un rôle dangereux, je veux parler du lorgnon.

Que celui auquel il est nécessaire l'arbore dès le début de l'opération, et n'y touche plus. Il aura même raison de lui faire peut-être prendre un bain de précaution préalable, car on a vu parfois ce précieux auxiliaire se déplacer, ou tomber au cours d'une opération; il est donc important que les doigts qui le touchent pour l'assujettir ne rencontrent rien de fâcheux sur son écaille.

Les lunettes, ayant plus de maintien, sont préférables. Quant au monocle, quoique de pur cristal, nous l'abandonnons aux élégances qui n'ont rien de chirurgical.

La barbe et les cheveux du chirurgien sont eux-mêmes passibles de quelques règles de désinfection.

Les pellicules se détachant trop abondamment de certains cuirs chevelus doivent être surveillées, et des soins réguliers s'imposent à ceux qui sont sujets à cette desquamation.

« Il arrive souvent, dit le Dr Prince, que le chirurgien le plus soigneux et son aide principal se heurtent la tête au-dessus du champ opératoire et que des pellicules ou quelques poils tombent dans la plaie sans que, dans le feu de l'opération, personne y prenne garde; seuls, ceux qui assistent à l'opération en simples spectateurs pourraient en faire la remarque. »

Il n'est pas impossible, en effet, que cette infection « pelliculaire » explique certains échecs, certaines suppurations imprévues, se produisant en dépit de toutes les précautions antiseptiques mises en œuvre, surtout dans les opérations pratiquées sur le péritoine.

Exiger le sacrifice de la chevelure et de la barbe, et ramener à la tenue réglementaire d'un conscrit tout chirurgien pelliculeux, serait peut-être dépasser la mesure; mais les lavages au sublimé sont à lui recommander, en particulier au moment de l'opération.

Ils auront l'avantage de diminuer la production furfuracée, et surtout d'éteindre la démangeaison qui appelle trop souvent les doigts vers le sommet dangereux.

Il faut avouer que les nouvelles méthodes nous imposent de minutieuses précautions, et nous obligent même à de durs sacrifices. Mais la liste, que je m'efforce de raccourcir, ne serait pas close si j'omettais de dire un mot du mouchoir de poche.

Grave question, surtout par les temps froids; car, s'il est des besoins auxquels on peut souscrire en général à l'avance, celui de se moucher est parfois si imprévu, qu'il force pour ainsi dire la main. Bien heureux est-on si quelque éternuement intempestif, menaçant précurseur de l'orage, n'augmente pas le péril.

De deux maux préférant le moindre, le mieux est de débarrasser la muqueuse nasale des produits qui menacent la plaie, et cela, rapidement, au moyen d'une compresse aseptique qui sera jetée sur-le-champ.

Une désinfection rapide de la main coupable sera de bonne précaution.

Nous avons parlé de la toilette du chirurgien et de ses élèves; nous n'avons encore rien dit de celle des infirmiers, et c'est cependant un point capital.

En effet, ces auxiliaires précieux de tout service de

chirurgie sont en contact permanent avec les malades; ils les touchent, les manient constamment. Ce sont eux qui doivent entretenir en état les locaux, le mobilier, emporter les pansements souillés, les déjections des malades, bref faire la plus sale besogne qui soit au monde.

Les chances de contamination étant continuelles pour eux, il est clair que leur désinfection présente de grosses difficultés, et il sera de première importance de leur inculquer des notions très spéciales de propreté.

C'est là peut-être la plus grande difficulté dans l'organisation d'un service; et il est bien malaisé, sur ce point, d'atteindre la perfection.

En tout cas, il est de toute nécessité d'avoir un premier infirmier spécialement surveillé et surveillant, homme sûr, auquel seront confiés les intérêts vitaux du service : les pansements et les instruments!

C'est lui seul qui préparera ce qu'il faut pour l'opération, et qui en sera responsable.

Le costume de cet important personnage sera spécial aussi : une longue blouse de toile blanche est ce qu'il y a de mieux.

Pour chaque opération, il devra en mettre une absolument nette sortant de l'étuve.

Supprimer le plus d'aides possible, c'est aussi mettre de son côté bon nombre de chances sans cela adverses.

Les progrès de la médecine opératoire et de l'instrumentation ont d'ailleurs beaucoup restreint le rôle des assistants.

Et si la réussite dépendait autrefois de la dextérité

opératoire, elle se cantonne de plus en plus de nos jours dans la propreté excessive et le respect des données déjà si précises de la science bactériologique.

Les Koeberlé, les Sims et d'autres encore, il m'en souvient, s'attachaient avec un soin jaloux à faire, le plus possible, tout par eux-mêmes. Mal reçues étaient les mains étrangères qui s'égaraient sur le terrain de manœuvres, sans y avoir été dûment convoquées; aussi les résultats de ces précurseurs de l'asepsie étaient-ils fort remarqués, mais leur exemple trop peu suivi.

En dehors de ce que les contacts inutiles peuvent avoir de dangereux au point de vue de l'infection, ils doivent être autant que possible épargnés aux tissus dont on prépare la restauration.

On ne doit toucher à une plaie que lorsque la chose est nécessaire.

Une préoccupation doit donc dominer en quelque sorte l'acte opératoire..., celle du minimum des contacts.

Cette notion, pourtant si simple, n'a pénétré dans nos mœurs qu'à la suite de plus saines conceptions concernant la réparation des plaies.

On savait bien autrefois, sans doute, que c'étaient les tissus contusionnés qui donnaient le plus aisément naissance à des accidents; mais la crainte incessante des complications lançait toujours le chirurgien à leur poursuite; aussi, redoutant sans cesse le développement de quelques collections insolites, s'en allait-il palpant de droite et de gauche, au risque de contrecarrer peut-être la réunion d'une plaie suturée hier seulement. Cette mauvaise habitude avait jadis, il faut l'avouer, quelque raison d'être; mais elle a trop survécu chez ceux surtout qui ont eu tant à pâtir de cette époque si angoissante de la chirurgie; aussi les surprend-on encore trop souvent la *main sur la plaie.*

Dès qu'un pansement est ouvert ils partent en quête de quelque gonflement suspect, et pianotent sur la région.

Un simple coup d'œil eût suffi cependant à reconnaître que tout allait bien, tandis qu'une rougeur ou quelque tension cuisante de la peau aurait averti du contraire.

Lorsque ces indices, faciles à saisir sans toucher à la plaie, sont reconnus, il est temps alors de rechercher, avec la fluctuation, l'indication précise d'une intervention; et nous aurons su, par cette sage expectative, respecter la réunion de tissus qui ne demandaient qu'à se tendre la main.

Les manipulations répétées des drains sont souvent aussi une occasion d'infection. Moins on y touche, mieux cela vaut; ces excès de sollicitude sont pour faire s'écrier :

Mais de grâce que vous a donc fait cette plaie que vous la tourmentiez ainsi?

Le chirurgien touche-à-tout me rappelle un peu ces femmes qui, sous prétexte d'amour maternel, jouent à la poupée avec leurs bébés et vont les réveiller à chaque instant pour voir s'ils dorment.

Cet homme est le pire ennemi des bonnes réunions!

X

MAINS

« Il a la main heureuse », dit-on couramment, en parlant d'un homme que la réussite seconde. Ce mot, applicable à tous, prend, lorsqu'il s'adresse au chirurgien, une valeur particulière.

C'est sa main, en effet, qui fait son heur ou son malheur.

Maintenant qu'on *sait*, on peut affirmer que l'expression populaire est pleine de vérité.

Mais il faut voir dans la main du chirurgien autre chose que ce qu'on y voyait jadis; ce n'est pas seulement une ouvrière forte, adroite et souple. Pour qu'elle soit heureuse, il faut plus encore... il faut qu'elle soit *propre !* C'est ce que nous allons développer dans ce chapitre.

Se laver les mains...

Au premier abord la chose paraît simple, à tel point, que toute personne bien élevée se tiendrait pour offensée si quelque doute se manifestait à cet égard, tout au moins en ce qui la concerne; à telle enseigne qu'il faut souvent savoir ménager les susceptibilités qu'on rencontre dans l'entourage des malades et faire entendre par quelque élégante périphrase qu'il est d'intérêt supérieur que toutes les mains soient pures.

La difficulté est plus grande encore lorsque l'invitation doit s'adresser à un confrère peu soucieux de ces *détails !*

Main blanche et ongles roses ne suffisent donc plus à l'exigeante chirurgie moderne; elle demande bien davantage. Durant les premières années de la méthode antiseptique, on recommandait déjà le lavage des mains, mais sans y accorder l'importance que nous y attachons aujourd'hui.

En 1882, Watson Chiene, dans une publication sur la méthode antiseptique considérait presque comme un luxe le lavage de la peau à l'eau savonneuse.

On se contentait généralement, avant d'opérer, de plonger ses mains dans la solution phéniquée forte. Plus tard la solution sublimée fut utilisée de la même façon; or, cette désinfection sommaire est absolument insuffisante; nous le verrons tout à l'heure.

Le Romain Pilate pouvait, à la rigueur, se laver les mains à l'occasion de la mort d'un innocent : le chirurgien ne saurait en faire autant après un insuccès uniquement dû à son incurie.

Touchons peu, et lavons beaucoup, telle est la vraie formule !

Comment faut-il donc se laver les mains, pour être sûr qu'il ne reste plus de microbes attachés à leur surface?

Telle est la question de première importance qu'il s'agit de trancher.

Des travaux de grande valeur ont été entrepris sur ce sujet; les recherches les plus minutieuses ont été faites, et permettent aujourd'hui d'être fixé sur les difficultés que rencontre la solution du problème, en apparence si simple, de la *main propre*. Nous rappellerons le nom de ceux qui ont le plus contribué à débrouiller un écheveau si compliqué, et à poser les règles si importantes de cette désinfection spéciale, car ils ont rendu là un signalé service.

La main, par sa construction, présente de nombreux coins et recoins, dans lesquels les impuretés trouvent un sûr abri.

Outre les sillons profonds de sa peau, elle offre une série de rainures autour des ongles, et de profonds retraits au-dessous d'eux.

Les recherches de Türbinger, Mettmann, Kümmel, Preindelsberg en Allemagne l'ont établi.

Ce simple examen fait immédiatement prévoir combien serait illusoire un lavage banal suivi d'immersion dans un liquide même fortement antiseptique.

Il suffit d'ailleurs de tremper la main dans une solution de sublimé, pour voir combien ce liquide, au lieu d'en pénétrer la peau, glisse à sa surface, sous forme de gouttes qui ne la désinfectent que bien peu.

Il faut que le dessous des ongles et leur pourtour soient minutieusement fouillés avec un *cure-ongles*, et brossés avec une brosse dure. Il est en outre indispensable, comme pour le nettoyage des instruments, de dissoudre à l'aide du savon noir et de l'eau chaude la graisse qui se rencontre toujours en plus ou moins grande quantité sur la peau.

L'éther et la térébenthine donneraient encore des résultats plus certains que le savon. Kümmel, de Hambourg, a démontré que les mains d'une personne pouvant être considérée dans la vie habituelle comme propre, n'étaient pas stériles après un lavage de trois minutes de durée à la brosse, au savon noir et à l'eau chaude; mais que, pour atteindre un résultat satisfaisant elles devaient être brossées pendant une minute encore avec la solution phéniquée à 5 0/0.

Quelle serait alors la difficulté d'assainir les mains d'un anatomo-pathologiste?

Kümmel en a fait l'essai. Après une autopsie, les lavages que nous venons de décrire, et qui suffisent pour des mains réputées propres, sont presque sans effet. Pour qu'aucune colonie ne pousse plus sur la gélatine touchée par les mains en expérience, les précautions suivantes sont indiquées :

Lavage à la brosse pendant cinq minutes avec savon noir et eau chaude; puis, pendant deux minutes, avec eau de chlore et eau distillée (parties égales) ou bien eau phéniquée 5 0/0.

Il ne faut rien moins que tout cela, d'après Kümmel, pour pouvoir aborder le malade avec une conscience tranquille. A la clinique de Bergmann, on suit la méthode de Fürbringer; elle consiste à :

1° Brosser énergiquement la peau avec eau chaude et savon ;

2° La sécher en la frottant avec un morceau de gaze stérilisée, principalement dans les replis onguéaux;

3° Repasser dans tous ces recoins avec de la gaze imprégnée d'alcool à 80 afin de permettre à la solution de sublimé (1 pour 2,000) de pénétrer effectivement la peau.

C'est, à peu de chose près, cette manière de faire qui est en usage à ma clinique, elle n'est pas trop compliquée, et me paraît sûre. En outre, elle a le grand avantage de ne pas abîmer la peau comme celle qui a pour base l'acide phénique. L'usage de l'alcool est très nécessaire.

On a encore proposé de plonger les mains dans une solution de permanganate de potasse 5 0/00 et ensuite dans une solution d'hyposulfite de soude (30^{gr} : 0^{l},578) à laquelle on ajoute acide oxalique (15^{gr} : 0^{l},578).

L'acide oxalique et l'hyposulfite donnent lieu à la formation d'oxalate de soude et de gaz sulfuré, dont les propriétés désinfectantes et décolorantes sont énergiques.

Un dernier lavage à l'eau stérilisée rend les mains décidément bonnes pour le service chirurgical.

Le lavage avec sable et savon polit à merveille la peau des mains, ce qui est particulièrement utile pour les épidermes épais et fendillés des infirmiers. De rudes travaux prédisposent mal ces mains, pourtant si nécessaires, à une désinfection certaine.

Je fais placer du sable fin sur une plaque de tôle qu'on oublie durant quelques heures dans le feu ardent d'un calorifère.

Après cette stérilisation excessive, le sable est renfermé dans des bocaux stérilisés d'où on ne le sort qu'au moment de s'en servir.

Les expériences de contrôle de la stérilisation des mains se font toutes à l'aide de plaques de gélatine sur lesquelles se place la main dont on veut pprécier lapureté.

C'est en variant le mode de désinfection et en multipliant les essais, pour diminuer les chances d'erreur, qu'on est arrivé à des résultats d'une aussi grande précision.

Une excellente mesure serait de répéter dans les cliniques, devant les élèves et les infirmiers, ces démonstrations si probantes, afin de faire toucher du doigt à tout le personnel en rapport avec les malades la réalité de l'*infection par contact* et de le bien pénétrer de l'absolue nécessité des précautions qu'on exige de lui.

Les affirmations théoriques, tout utiles qu'elles soient, n'entraînent jamais la conviction comme la *leçon de choses*.

Les travaux dont nous avons essayé de faire ressortir toute la valeur pratique, ont été contrôlés par nombre de chirurgiens et de bactériologistes. Tous sont tombés d'accord sur la difficulté qu'on rencontre à obtenir une asepsie parfaite des mains, et sur la prépondérance des moyens mécaniques sur les procédés chimiques, dont la valeur reste toujours accessoire.

Il faut donc savoir se brosser les mains et se nettoyer les ongles; et cela n'est pas donné à tout le monde!

A titre de circonstance atténuante, il faut reconnaître qu'il est des mains et des ongles dont la conformation spéciale rend cette besogne réellement fort compliquée.

Ajoutons qu'il est oiseux d'assigner, comme on l'a fait, une durée déterminée à la toilette du chirurgien. Ce qui importe par-dessus tout, c'est d'inspecter dans les moindres détails les parties qu'on nettoie, plutôt que de consulter sa montre ou son sablier pour savoir si le temps *prescrit* pour le lavage est écoulé.

Ces mensurations, qui donnent à l'observation un faux cachet d'exactitude, sont absolument puériles.

Les grands principes une fois connus et admis, on saura se laver, ou on ne le saura pas. L'individualité de chacun entre donc en jeu, et les résultats seuls absolvent ou condamnent. Tout est là!

L'étude de ces sujets si actuels évoque encore des souvenirs et provoque une question. On se demande, si tout cela est vrai, comment un chirurgien de l'ancienne école a jamais pu guérir un opéré !

Il faut que la nature humaine soit terriblement solide, en effet, pour avoir parfois résisté à des opérations faites dans des conditions aussi précaires.

On tremble en songeant à la situation qui nous serait faite si les milieux dans lesquels se meut victorieusement le bistouri étaient aussi sensibles que les bouillons de culture sur lesquels opèrent nos conseillers, les bactériologistes.

S'il en était ainsi, les soins les plus minutieux seraient absolument impuissants à prévenir toute faute, et il se glisserait en toute occasion quelques microbes trop fâcheux pour que nous puissions espérer conserver au bouillon humain ne fût-ce qu'une apparence de neutralité et d'indifférence.

Fort heureusement, l'organisme lutte avec nous de mille manières, et la foi en les nouvelles méthodes ne saurait nous faire méconnaître la confiance que nous devons toujours conserver en la *Natura medicatrix*.

Un peu de modestie ne nuit pas, car elle permet de s'abriter, en cas de défaillance, derrière celle que nous venons de nommer et qui n'a rien de la marâtre. Mais, de là à s'en faire un oreiller de paresse, il y a loin.

Réclamer exclusivement son éternel concours serait la lasser sans doute et se l'aliéner bien souvent.

Nos prédécesseurs l'ont cruellement éprouvé ; qu'on y songe !

XI

PIEDS

A chaque instant il nous arrive des malades porteurs de blessures ou de lésions du pied. Nous devons donc avant tout nous occuper de le rendre aseptique. La chose n'est pas très aisée en raison de la forme du pied, de l'état de son tégument, souvent macéré par des transpirations profuses et fétides, et constamment en contact avec la poussière des routes.

On ne saurait, sans commettre une grave imprudence, porter le bistouri sur un pied qui n'est pas sérieusement nettoyé. N'a-t-on pas souvent signalé des accidents survenus à la suite d'une simple coupure, de l'ablation d'un cor ou d'un œil-de-perdrix? Et le tétanos lui-même, combien de victimes n'a-t-il pas faites, dans des conditions où il aurait été très possible de l'éviter ! On doit avant tout, dans ces circonstances, prescrire un bain chaud et recourir à la brosse et au savon.

Lorsque le plus gros est fait, un nouveau bain avec une solution forte de permanganate de potasse achèvera la désinfection, tandis que l'hyposulfite de soude et l'acide chlorhydrique ramèneront la couleur normale de la peau. La solution sublimée sera mise en œuvre au moment même de l'opération.

Lorsque l'intervention n'a pas besoin d'être exécutée séance tenante, on peut préparer la région de longue main, c'est-à-dire envelopper le pied pendant un ou deux jours dans un pansement antiseptique recouvert d'un mackintosch, grâce auquel l'épiderme se ramollira tout en s'imbibant de principes microbicides contenus dans le pansement.

Une bonne précaution dans les cas de lésions osseuses, comme il s'en rencontre si fréquemment au pied, consiste à injecter dans les trajets fistuleux des substances telles que le naphtol camphré, le chlorure de zinc, etc., pendant les jours qui précèdent l'opération.

Quant à la transpiration normale des pieds, c'est une fonction naturelle qu'il est inutile, sinon nuisible, d'arrêter.

Il ne nous appartient pas, dans cette courte étude, de ressusciter la vieille querelle des sueurs supprimées, nous ne nous occuperons, et cela encore dans une sage mesure, que des sueurs réprimées.

L'usage constant de chaussures qui modifient les conditions normales finit par faire dévier vers le domaine de la pathologie une fonction parfaitement physiologique, aussi devons-nous atténuer autant que possible ces fâcheux résultats. Les chaussures étroitement fermées sont les plus funestes, car pour peu que celui qui les porte ait une transpiration facile, elle ne fait que s'accroître, jusqu'à devenir profuse et fétide. La peau se macère, des ulcérations se forment et la marche devient très pénible.

La région des orteils et celle du talon sont les plus exposées à ces altérations. La peau détrempée, blanchâtre, se sèche et prend une teinte rouge vif durant la nuit. Une douleur brûlante gênant le sommeil s'en va croissant jusqu'au matin.

Un bain, l'application de divers topiques réussissent à peine à calmer ces cuisantes étreintes qui atteignent leur maximum lorsque le malheureux affligé de cette infirmité se décide à enfiler ses chaussures.

Cet effort n'est pas la dernière étape de ses souffrances : la marche va rester très pénible pendant les premières heures de la matinée, et, tant que la chaussette, peu à peu baignée de sueur, n'a pas attendri de nouveau la peau du talon, les souffrances persistent.

Ayant eu l'occasion de soigner un assez grand nombre de malades de ce genre, je donnerai un court résumé de ma manière de procéder en pareil cas. C'est d'ailleurs une question intimement liée au problème de l'antisepsie et de l'asepsie.

Le malade prendra au réveil un bain de pieds savonneux tiède, durant quelques minutes seulement; lavage plutôt que bain.

Remplaçant ensuite l'eau savonneuse par une solution de sublimé au millième ou au deux-millième, il y trempera ses pieds pendant quelques instants, les essuyera et les saupoudrera avec le mélange suivant :

Talc........................	100	grammes.
Alun........................	5	—
Acide salicylique.............	5	—

Il en garnira également l'intérieur de ses chaussettes.

Une notable amélioration suit toujours l'emploi quelque peu persévérant de ce traitement.

Mais l'antisepsie ne doit point s'arrêter au sujet lui-même ; le résultat obtenu ne serait que passager, et les accidents ne tarderaient pas à se reproduire ; voici pourquoi :

Le microbe de la sueur fétide, une fois qu'il a élu domicile dans une paire de bottes, n'en sort pas volontiers.

Il faut donc l'en déloger à tout prix, et la chose n'est pas aussi simple qu'on pourrait le croire.

J'ai fait, pour me rendre compte de cette ténacité du microbe en question, une expérience bien simple.

M'étant assuré d'un sujet type, je lui fis désinfecter le pied droit comme il vient d'être dit, laissant au contraire le gauche en l'état, un triste état !

Au bout d'une quinzaine de jours l'amélioration était très réelle.

Cessant alors tout traitement, le pied redevint bientôt aussi malade que précédemment.

Les soins furent repris, et, en outre, je fis chausser au malade une bottine *neuve*, c'est-à-dire vierge de tout bacille de la sueur fétide ; tandis que je laissai l'autre pied dépourvu de toute précaution.

La nuit, pour éviter que le pied droit fût contaminé par le gauche, le malade portait de grosses chaussettes parfaitement propres.

Après huit jours, le pied traité était en très bonne voie, et, l'ayant laissé sans soins pendant quelque temps, je constatai que son état restait sensiblement le même.

La chaussure neuve lui était toujours réservée.

Faisant alors mettre la bottine gauche infectée au pied droit, je ne tardai pas à voir reparaître la sueur fétide et ses inconvénients. Pour compléter la démonstration, je recommençai le traitement, sur les deux pieds cette fois, avec chaussures entièrement neuves.

Le malade, qui était sur le point de quitter sa place de sergent de ville, tant son infirmité était devenue insupportable à lui et aux autres, put reprendre son service, et, grâce au traitement indiqué, vit changer du tout au tout ses conditions d'existence. Ces soins, quoique assez simples, peuvent donc rendre de grands services; mais comme ils nécessitent l'usage, au moins pendant la période du traitement, de bottes absolument neuves, et que la dépense qui en résulte n'est pas à la portée de toutes les bourses, il s'agissait de trouver le moyen de désinfecter les anciennes chaussures, afin de les débarrasser de tous les germes capables de ressusciter l'infection première.

Si le cuir supportait le passage à l'étuve, on aurait vite raison de la sueur fétide ; malheureusement il n'en est rien, aussi faut-il recourir à des procédés plus simples : changer de temps à autre la semelle interne, mais surtout laver tous les deux ou trois jours l'intérieur du soulier avec une solution d'eau sublimée à 4 0/00, tel est le plus sûr moyen d'obtenir un bon résultat.

Napoléon Ier avait grand soin de l'hygiène des pieds : il savait ce que vaut une troupe mal chaussée et boiteuse !

Aussi, s'inspirant sans doute de sa longue expérience, les médecins d'armée s'appliquent-ils sans cesse à perfectionner le matériel de marche, et à prescrire des soins hygiéniques à leurs soldats. La désinfection des pieds et des chaussures mérite donc de fixer tout spécialement leur attention ; et les prescriptions précédentes seront pour eux fécondes en résultats, s'ils savent les généraliser en les rendant pratiques.

XII

SOINS A DONNER AU MALADE AVANT L'OPÉRATION

Durée de l'opération, son importance. — « Perdre du temps, c'est perdre du sang. » Nettoyage du malade — *intus* et *extra*. — Gants, guêtres, bonnets dont il est bon de vêtir l'opéré.

Puisqu'il est convenu que moins une plaie reste à l'air, moins elle subit de manipulations et de contacts de tous genres, plus elle a de chances de vite guérir, ne s'ensuit-il pas qu'il faut s'entourer de tous les moyens possibles pour réaliser ces conditions favorables ? Ces moyens sont multiples, et ce n'est pas faire une digression oiseuse que d'examiner au moins les principaux.

En premier lieu, la durée de l'opération a sur le résultat de celle-ci une influence incontestable.

Il n'appartient sans doute pas à chacun d'être doué d'une force physique, d'une adresse au-dessus de la moyenne, non plus d'avoir une rapidité de jugement et une décision hors pair.

Il y aura toujours là comme ailleurs, des inégalités sans nombre, auxquelles on ne saurait remédier.

Ce ne sont point ces différences natives et fatales que je veux étudier, mais bien plutôt celles qui résultent soit d'un manque de méthode, soit d'autres causes qui peuvent être avantageusement modifiées.

Une opération doit être conduite aussi rapidement que possible, sans que cette rapidité puisse compromettre en rien sa bonne exécution.

Certains temps doivent être menés systématiquement avec une lenteur voulue; comme par exemple, l'évacuation du contenu d'un kyste volumineux de l'abdomen, ou celle d'un épanchement pleurétique abondant : inutile d'en rappeler ici les raisons. Dans d'autres circonstances, la rapidité est indispensable.

Pour certaines ligatures artérielles, lorsque la compression du bout qui donne est impossible, faire vite est une condition *sine qua non* de succès.

Ailleurs, comme dans la résection du maxillaire supérieur, il faudra savoir allier les deux manières, c'est-à-dire conduire soigneusement et délicatement la préparation du lambeau et son hémostase; tandis que le temps d'ablation de l'os s'exécutera vivement.

Pour l'amputation du sein, c'est exactement le contraire : l'extirpation de la glande devra se faire prestement, tandis que le curage de l'aisselle sera mené avec une minutieuse prudence.

En dehors du talent opératoire, il s'agit donc de tout combiner, pour qu'il n'y ait pas de temps d'arrêt inutiles; c'est pour cela que l'ordre et la simplification des moyens doivent être l'objet de nos constantes préoccupations.

La méthode antiseptique a certainement, surtout à ses débuts, singulièrement compliqué les choses. Ce fut là, précisément, un des plus gros griefs qu'elle souleva.

Depuis que nous nous rapprochons davantage de

l'asepsie, ces complications tendent heureusement à disparaître.

Nos prédécesseurs avaient bien reconnu la valeur de la dextérité; c'était sur elle à peu près exclusivement que portaient leurs efforts. Si nous sommes plus propres, si nous savons mieux nous servir des anesthésiques, nous avons en revanche, dans d'autres directions, évidemment dégénéré.

Nous n'enlevons plus une opération réglée avec la prestesse de nos devanciers.

Dans une thèse que je publiai en 1874, je relis cette phrase : *Perdre du temps, c'est perdre du sang!* Je suis plus disposé que jamais à la signer, et je reste toujours étonné, quand je lis le récit d'opérations ayant duré 4 à 5 heures. Je ne sais vraiment qu'admirer davantage : la résistance de l'opérateur, ou celle de l'opéré. Pour soutenir autant que possible les forces du malade, on surchauffe, il est vrai, les salles d'opération, afin de compenser en quelque mesure le refroidissement dû à l'anesthésie, à la perte de sang, au choc!

Mais ces températures excessives, fort pénibles à supporter, ne sont-elles pas bien souvent exagérées? Voyons donc quelles sont les dispositions à prendre, pour que tout marche *cito*, sans compromettre en rien le *tuto* ni *le jucunde*.

Le malade, avant l'opération, doit subir certains préparatifs. Je parle d'un sujet dont on a pu étudier les lésions à tête reposée, et à propos duquel on a discuté les bases de l'intervention en toute connaissance de cause. C'est d'ailleurs le cas le plus fréquent.

Nous abandonnons donc pour le moment les *urgences* opératoires qu'il n'est guère possible de réglementer.

On s'efforcera, pour elles, de se rapprocher autant que possible des règles que nous allons tracer.

Nous prendrons le malade au lit, c'est-à-dire débarrassé de tous ses vêtements, et revêtu d'une chemise propre.

L'idéal serait alors de le plonger dans un bain savonneux, où il serait frotté, raclé, essuyé, puis de le rincer ensuite dans une solution sublimée, avant de le revêtir d'une blouse de toile sortant toute chaude de l'autoclave.

Mais il n'est pas toujours loisible de réaliser tant de perfections; aussi, devons-nous nous contenter trop souvent, surtout dans la pratique privée, de nous en rapprocher le plus possible, ne fût-ce qu'en multipliant les lavages de la région intéressée. Pour les membres, la chose est en somme assez simple; et si l'on a soin d'isoler le champ opératoire de façon à n'avoir que lui sous les yeux et sous la main, on pourra aisément réussir.

Un moyen commode consiste à faire passer le membre à travers un orifice ménagé au centre d'une pièce de caoutchouc.

Pour le tronc, le même dispositif peut encore servir; Billroth l'employait toujours pour ses laparotomies.

On peut aussi circonscrire la région intéressée au moyen de quatre serviettes aseptisées et trempées dans une solution sublimée chaude.

Dans certains cas, cette désinfection pratiquée au dernier moment n'est pas suffisante; il faut préparer son malade de plus longue main. On lui fera faire le grand nettoyage la veille de l'opération; puis, les parties à opérer seront recouvertes d'un pansement antiseptique, qu'on n'enlèvera qu'au moment de prendre le bistouri.

L'eau chaude, le savon, le sublimé ne suffisent pas toujours. Des restes d'emplâtres, des topiques sans nom, ne céderont souvent qu'à des frictions d'éther ou de térébenthine. Il est indispensable aussi de débarrasser la région malade des poils qui la recouvrent ou l'environnent. Le sacrifice sera parfois difficile à obtenir : une belle moustache, une barbe luxuriante, sont souvent défendues avec acharnement. Là encore, une inébranlable fermeté est nécessaire tout en évitant cependant les sacrifices inutiles !

Pour les cheveux, même nécessité, cela va sans dire.

Les parties génitales et l'anus doivent être exactement rasés, avant toute intervention sanglante.

En thèse générale, ces précautions devraient toujours être prises dans la chambre du malade, ou dans un cabinet de bain, mais, en tout cas, hors de la salle d'opération. Pourquoi apporter des impuretés dans le *lieu très saint*, lorsqu'il est possible de les laisser à la porte ?

Quoi de plus déplorable que ces gens qui arrivent de la campagne, surtout en hiver, emmitouflés dans des châles de laine tricotée remplis de poussière, et recouvrant d'horribles pansements traversés de pus et de graisses rances ? Comment admettre au voisinage immédiat de la salle d'opérations ces parents qui accompagnent les malades et tournent anxieux autour d'eux pour leur serrer une dernière fois la main ? Le chirurgien soucieux de la vie de ses opérés ne saurait s'accommoder de ces dangereux élans de tendresse, il doit repousser loin de celui qu'il veut guérir toutes ces causes d'infection.

C'est, il va sans dire, dans la pratique privée que

ces circonstances difficiles se présentent de préférence.

En dehors des précautions toutes locales que nous avons passées en revue, il en est d'autres auxquelles on doit songer aussi.

Il n'est pas indifférent par exemple d'opérer un malade constipé, atteint d'embarras gastrique ou de bronchite : une surveillance sérieuse de l'état des voies digestives est de la plus haute importance, à plus forte raison lorsque l'intervention s'adresse à une partie quelconque de ces organes ou porte seulement sur leur voisinage.

Les préceptes si magistralement formulés par Bouchard ne sauraient être oubliés, et ses procédés de désinfection du conduit intestinal seront scrupuleusement respectés.

Il n'est pas rare de voir des opérés, pour lesquels ces précautions ont été négligées, présenter des températures élevées (40 degrés), du malaise et de l'inappétence.

Ces accidents qu'on aurait dû prévenir disparaissent souvent comme par enchantement à la suite d'une simple purgation.

Il y a certainement, dans ces cas, auto-infection par résorption des ptomaïnes qui se sont développées dans les matières fécales accumulées dans l'intestin. Il importe donc, outre les purgatifs nécessaires, de prescrire des désinfectants, le naphtol β, le salicylate de bismuth, ou mieux le benzonaphtol, etc.

C'est surtout lors des grandes interventions sur la matrice ou ses annexes qu'il faut veiller à la chose. L'intestin, dans ces cas, n'a que trop de tendance à se paralyser, et s'il n'a pas été vidé préventivement, on risque fort de voir survenir du ballonnement, de la constipation, voire même des accidents de pseudo-étranglement. Il serait vraiment coupable de perdre, pour de semblables négligences, des malades qui auraient dû guérir.

Suivant les cas, c'est déjà plusieurs jours avant l'opération que lavements et purgatifs seront prescrits; car, s'il faut être sûr que le tube intestinal est aussi net que possible, il faut encore ne pas risquer d'être dérangé et sali au cours de l'opération par les effets tardifs d'une purgation donnée à la dernière heure.

Les soins de la bouche sont aussi de toute nécessité, non seulement lorsqu'on opère sur cette région, mais même en dehors de ce cas. Les malades devront, plusieurs fois par jour, se rincer la bouche avec une préparation antiseptique.

Celle que j'emploie à ma clinique se formule ainsi :

Acide thymique	2gr,5
Acide benzoïque	30,0
Teinture d'eucalyptus	50,0
Alcool	1000,0
Essence de cannelle de Ceylan	7,5

C. S.

20 à 30 gouttes dans un demi-verre d'eau.

Ne pas oublier non plus de faire enlever et nettoyer journellement les dentiers.

C'est surtout en gynécologie que des soins minutieux sont utiles. — Il n'est pas si simple qu'on pourrait le croire de désinfecter un vagin, car ce conduit est non seulement chargé des impuretés qui se développent sur place, mais il reçoit encore les sécrétions de l'utérus et des trompes.

De nombreuses recherches bactériologiques ont

établi que la flore de ces organes est d'une richesse excessive ; aussi les lavages simples sont-ils absolument insuffisants.

Fritsch, de Breslau, a recommandé dernièrement les lavages au bicarbonate de soude à 3 0/0 en solution dans l'eau chaude. Ils dissolvent en effet très bien les glaires qui occupent si souvent le col utérin et alcalinisent le vagin.

Mais les alcalins ne suffisent pas toujours. Les gonocoques, de même que les liquides provenant de chancres, de cancers ou d'autres lésions, doivent être traités plus énergiquement. Les injections de sublimé au millième sont généralement efficaces.

Le permanganate de potasse, quoique son action soit assez éphémère, rend aussi quelques services.

Le chlorure de zinc à 1 0/0 trouve de même ses indications. D'autres fois, on doit recourir à des irrigations continues, lesquelles sont bien malaisées à donner dans un lit et nécessitent presque forcément le bain.

Mais ces moyens ont parfois une action trop temporaire, et il faut alors leur substituer de véritables pansements avec divers topiques. Placés sur des tampons, ou incorporés à des substances gélatineuses semi-molles, ces topiques, en fondant, cèdent les médicaments qu'ils renferment. La glycérine seule, ou additionnée d'iodoforme, est un pansement très usité.

Le tamponnement avec une bandelette de gaze iodoformée s'emploie plutôt lorsqu'il y a plaie du col ou des parois vaginales, ou à la suite d'opérations, de sutures, ete...

Cette gaze agit non seulement comme topique, mais aussi comme drain.

On se sert encore volontiers du coaltar saponiné en solutions plus ou moins fortes. Le térébène est un bon désodorisant, utile dans le traitement du cancer utérin.

La créoline, préparation mal définie, a été recommandée; elle n'est pas irritante et ses propriétés antiseptiques sont assez sérieuses.

Ajoutons enfin que la lutte qui s'engage parfois entre le malade qu'on endort et les assistants, outre qu'elle est parfaitement désagréable, présente certains dangers auxquels il faut parer. Les mains des assistants peuvent aisément se contaminer en maintenant de force le malade révolté, de sorte qu'il faut nécessairement les désinfecter à nouveau. Dans le but de supprimer ces contacts impurs, je revêts les bras et les jambes de l'opéré de fourreaux fermés à l'une de leurs extrémités et pourvus d'une coulisse et d'un ruban à l'autre. Ces gants ou ces guêtres ont passé à l'autoclave, on peut donc les toucher impunément et maintenir le malade sans courir le moindre risque de s'infecter les mains.

Ce perfectionnement me paraît utile, car malgré toutes les recommandations possibles, on ne saurait compter sur l'asepsie parfaite des pieds ou des mains du patient.

C'est dans les mêmes intentions que lorsqu'on opère dans des régions peu éloignées de la tête, l'emploi d'un bonnet de caoutchouc sera très utile, pour préserver le champ opératoire du contact des cheveux.

N'oubliez pas non plus de prier les malades de quitter momentanément certains emblèmes de piété qui se portent au cou et qui sont généralement d'une saleté parfaite. Vos convictions chirurgicales doivent, au moment de l'opération, primer toutes les autres.

XIII

BANDE D'ESMARCH

Après avoir décrit les précautions à prendre pour les préliminaires de l'opération, abordons ce qui concerne l'opération elle-même.

Ne faisant pas un traité de médecine opératoire, je ne dirai rien de l'incision, mais j'en aborderai de suite les conséquences, en commençant par l'hémorragie et les moyens d'y remédier.

Arrivée au moment voulu pour faciliter les interventions nouvelles, que rendait possibles l'antisepsie, la bande d'Esmarch permit de manœuvrer avec aisance dans la profondeur des tissus et d'inspecter jusque dans leurs derniers repaires les foyers dus à l'ostéomyélite ou à la tuberculose.

Pour l'extraction des corps étrangers, comme pour l'ablation de nombreuses tumeurs, elle est d'un secours journalier, et l'on conçoit à peine qu'on ait pu si longtemps s'en passer!

Certains détails concernant son emploi touchent à l'asepsie; nous devons nous y arrêter.

La bande primitive d'Esmarch, composée d'une série de fils de caoutchouc reliés entre eux par une trame de coton, n'était qu'un tissu élastique peu solide, et fort difficile à maintenir en état.

On lui substitua bientôt la bande de caoutchouc vulcanisé qui se lave beaucoup plus aisément.

Avant toute opération, on la laissera tremper quelque temps dans une solution de sublimé au millième, en ayant soin de ne pas l'y placer enroulée, mais, au contraire, de la défaire complètement, pour que le liquide la baigne de toutes parts.

Cette pratique, à laquelle on manque parfois, est cependant aussi logique qu'indispensable.

Ne va-t-on pas en effet recouvrir tout le membre avec ce lien, et, qui plus est, comprimer, par son moyen, les parties molles?

S'il reste des impuretés sur la bande ou sur la peau, il est clair qu'elles seront comme *incrustées* dans le tégument, puis renfermées plus tard sous le pansement. Il faut donc multiplier les précautions à cet égard, et ne jamais manquer de faire nettoyer la bande à fond *dès qu'on s'en est servi*, comme aussi *avant de l'employer de nouveau.*

Les bandes s'améliorent par l'usage; elles s'assouplissent, et la farine blanchâtre qui les recouvre lorsqu'elles sont neuves, et qui est due à la vulcanisation, disparaît peu à peu.

L'application de la bande exige certaines précautions.

Le membre, soigneusement désinfecté, est maintenu élevé pendant qu'on le comprime de la périphérie au centre au moyen d'un bandage spiral à tours imbriqués.

Inutile de serrer très fort, il faut se contenter de tendre la bande et de remonter de quelques travers de doigt au-dessus du point à opérer, en recouvrant exactement toutes les parties.

Quelques instants suffisent à rendre le membre exsangue.

On place alors, juste au-dessus du dernier tour de bande, un lien de caoutchouc.

Ce lien, on l'a varié, simplifié ou compliqué de plusieurs manières. Le meilleur consiste en une bande de caoutchouc dont on fait trois ou quatre tours circulaires assez serrés pour empêcher l'arrivée du sang artériel, et qu'on fixe ensuite, soit en la nouant, soit en la serrant au moyen d'une sorte de clamp qui la pince entre ses branches.

La puissance du caoutchouc est énorme, il ne faut pas l'oublier; et, comme il arrive parfois que la bande reste en place pendant un temps relativement long, il faut éviter d'exagérer cette compression circulaire : il en résulterait des accidents redoutables.

On trouve, en effet, dans la littérature, des cas assez nombreux de paralysies, gangrènes partielles ou totales, phlébites, etc., uniquement imputables à l'emploi immodéré de la bande de caoutchouc, et comme ces sortes d'accidents ne sont pas de ceux dont on aime précisément à se glorifier, il faut croire que leur nombre réel est bien supérieur à celui qu'on avoue.

Lorsque les artères susceptibles de donner ont été liées, il suffit, avant l'enlèvement de la bande, d'élever le membre et de comprimer la plaie avec une compresse aseptique, ou bien d'appliquer de suite le pansement, pour faire cesser l'hémorragie en nappe qui persiste encore.

Mais les choses ne se passent pas toujours ainsi.

Supposons qu'au lieu d'amputer un membre, tout à l'heure sain, actuellement mutilé, nous devions pratiquer la résection d'un genou atteint d'arthrite tuberculeuse. Des fongosités, du pus ont perforé la séreuse; plusieurs trajets fistuleux leur livrent passage; nous voulons, malgré cela, faire bénéficier le malade du sang que contient sa jambe : comment s'y prendre?

En procédant exactement comme nous le disions tout à l'heure, nous ne manquerions pas de refouler le pus dans les territoires sur lesquels va porter l'intervention. Il faut donc, en pareille circonstance, ou bien se borner à l'élévation du membre, qui est déjà très efficace; ou bien adjoindre à ce moyen l'application de la bande élastique, mais en limitant son action aux parties saines. Il serait illogique, en effet, sous le futile prétexte de conserver quelques grammes de sang, de risquer le refoulement de matières septiques dans un organisme qu'on a la prétention de débarrasser de tissus malades.

Comme on vient de le voir, les principes de l'asepsie doivent être respectés, non seulement dans le nettoyage de la bande, mais aussi dans la manière de l'appliquer, et on ne saurait trop répéter que la bande d'Esmarch sans ces précautions est une déplorable chose.

A son origine, c'était l'hémostase seulement qu'on réclamait d'elle; actuellement, tout bien examiné, ce n'est pas tant au point de vue de la conservation du sang qu'on doit l'admirer, qu'à celui des facilités qu'elle donne pour toutes les recherches qui se passent dans la profondeur des tissus. Qu'il s'agisse de découvrir des corps étrangers, de retrouver des organes divisés, tels que tendons ou muscles, aussi bien que de lier un vaisseau, l'hémostase temporaire due à la bande élastique nous permet de voir clair et d'agir avec précision.

Et cette opinion m'apparaît tellement nette que je crois pouvoir avancer qu'un chirurgien quelque peu rompu aux opérations, se préoccupera fort peu d'avoir à sa disposition une bande d'Esmarch pour amputer un membre, tandis qu'il la regretterait certainement s'il devait s'en passer pour pratiquer une résection ou un évidement.

Nous retrouvons encore la bande de caoutchouc lorsqu'il s'agit d'assurer le contact exact d'un pansement : Lister s'en est souvent servi.

Dans l'aine, par exemple, où ce contact est quelquefois difficile à obtenir, un spica, fait d'une bande élastique, luttera avantageusement contre la tendance à bâiller qu'aurait le pansement, et le protégera en outre contre l'invasion de l'urine.

XIV

LIGATURES

Catgut. — Soie. — Caoutchouc.

Ambroise Paré nous a donné la ligature, Esmarch la bande élastique, Lister le catgut. Ces trois puissants moyens d'hémostase marquèrent, chacun à son tour, l'ère de grands progrès chirurgicaux. L'hémostase facilement obtenue rend possibles nombre d'opérations auxquelles on ne pouvait songer autrefois, et donne au chirurgien cette tranquillité si nécessaire à la perfection de son travail ; aussi croyons-nous devoir consacrer une large place à cet important sujet.

Le fil, même ciré, dont on se servit tout d'abord, était loin d'être parfait. Il provoquait souvent des suppurations, et ne mettait pas absolument à l'abri de l'hémorragie. Aussi, l'idée vint-elle à plusieurs de chercher un matériel de ligature qui pût se résorber.

L'un proposa le *cuir !* effort stérile, le cuir non tanné n'est ni solide, ni propre, et, tanné, ne se résorbe pas. Un autre (un pêcheur à la ligne sans doute) vanta la *morte à pêche* ou *crin de Florence ;* mais, si ce fil convient pour beaucoup de sutures, il ne vaut absolument rien comme fil à ligatures. Le *crin* eut aussi son heure de vogue; toutefois en tant que production cornée, il ne subit pas la résorption voulue, et, d'ailleurs, le nœud en est peu sûr.

Cette chasse à la ligature idéale est intéressante à suivre; elle a des allures bizarres qui ne manquent pas d'imprévu.

Ce fut à qui proposerait une substance à laquelle personne n'avait songé.

Les Américains surtout se firent remarquer par des choses étonnantes.

Le professeur Eve de Mashville préconise les fibres de tendons de cerf.

M. Barwel lie des artères avec la tunique moyenne de l'aorte du bœuf.

T. Smith et Crost préfèrent les tendons de queue de kangourou!

On prétendit avoir lié la carotide primitive avec un nerf sciatique longtemps conservé dans une solution phéniquée à 5 0/0.

On alla même troubler la baleine dans les grandes solitudes de l'océan pour lui arracher ses tendons.

Il faut avouer que toutes ces fantaisies, pour originales qu'elles fussent, avaient peu de chances d'entrer profondément dans la pratique.

Le chirurgien n'a pas toujours dans sa trousse un tendon de cerf, ni même une simple queue de kangourou!

Et d'ailleurs, c'était chercher bien loin ce qui était tout près.

Lister comprit que l'admirable méthode qu'il venait de créer manquerait d'unité si les ligatures n'étaient pas pures, comme les pièces à pansement, les mains et les instruments.

C'est alors qu'il fit connaître le résultat de ses recherches de stérilisation de la *corde à boyau*, au moyen de l'acide phénique.

Le catgut.

Lorsqu'apparut le *catgut*, venant remplacer le fil et la soie, ce fut un débordement d'allégresse. Comment! grâce à lui on allait pouvoir lier l'artère, couper court, et attendre que ce fil idéal s'organise ou se résorbe!

N'était-ce pas le comble de la modestie pour une ligature? être forte et souple lorsqu'il le faut, molle et disparue quand son action utile est épuisée, et, qui plus est... aseptique!

On tenait enfin l'oiseau rare!

Mais, rien n'étant parfait en ce monde, le catgut fut bientôt critiqué.

On se plaignit de la lenteur de sa préparation : des mois!

Et puis, il était raide et cassant. L'huile, dans laquelle on le conservait, flottant sur les solutions antiseptiques, graissait doigts et instruments.

En outre les fabricants, quoique livrant des produits peu réguliers et mal numérotés, n'en avaient pas moins des prétentions exorbitantes, et vendaient leur catgut au poids de l'or.

Mais tout cela aurait encore passé presque inaperçu; on aurait pardonné, si l'asepsie du nouveau venu ne fût tombée en suspicion.

Quelques accidents se produisent, suppurations autour des fils, septicémies rapides à la suite de laparotomies, fort simples cependant, etc.., le cas est grave, on hésite, on fouille! mais, force est bien de se rendre à l'évidence : le catgut fourni par les industriels contient parfois des germes, pathogènes ou non, peu importe, mais des germes. La vie n'est pas éteinte dans ce matériel, qu'une immersion prolongée dans l'huile phéniquée semblait devoir rendre absolument stérile. Le dernier mot n'est donc pas dit. On avait trop promis; aussi, à l'enthousiasme du début, succède une déception motivée.

Haro sur le baudet! le catgut n'est bientôt plus bon à rien.

Il en est cependant qui, brûlant moins vite que d'autres ce qu'ils ont adoré, tournent encore leurs regards vers le catgut, fautif sans doute, mais calomnié, et tâchent de lui trouver la pureté requise.

Malgré tout, le nombre des fidèles diminue; la soie bien désinfectée est suffisamment tolérée par les tissus, pour que l'envie de recommencer des expériences hasardées, avec la ligature animale, ne trouve plus beaucoup d'adhérents.

Le professeur Kocher, après avoir préconisé le catgut à l'huile de genièvre, déserte à son tour, et lance l'anathème contre tout catgut dans une brochure cavalièrement intitulée :

« *Fort mit dem Catgut!* » Ce qui peut se traduire en bon Français par : Au diable le catgut! Cette boutade un peu vive n'a pourtant rien qui nous émeuve; et, poursuivant nos recherches, nous parvenons dès 1886, à obtenir un fil absolument aseptique et solide. Nous verrons tout à l'heure par quel moyen.

Lister désinfectait les cordes à boyaux en les plongeant dans le mélange suivant :

Acide phénique cristallisable..	20	grammes.
Eau........................	2	—
Huile d'olive	100	—

Après avoir fait fondre les cristaux d'acide phénique dans l'eau, on ajoute l'huile et on émulsionne le tout en agitant fortement le récipient.

Comme l'eau a toujours une tendance à se séparer de l'huile et à gagner le fond du flacon, Lister conseillait d'y placer des cailloux ou des baguettes de verre afin que les cordes fussent en contact, non avec l'eau, mais bien avec l'huile qui nage au-dessus d'elle.

Pour avoir un catgut sûr par ce procédé, il faut, de l'aveu du maître, savoir patienter de longs mois; il considère même que plus l'immersion dans l'huile phéniquée se prolonge, plus le fil gagne en solidité et en asepsie.

Il y avait là, paraît-il, de quoi décourager quelque peu les chirurgiens; aussi, prirent-ils bientôt la fâcheuse habitude de se fournir de catgut, soi-disant stérilisé de la sorte, chez des industriels plus ou moins consciencieux.

Ceux-ci, ne comprenant pas, ou ne désirant pas comprendre tout ce que la préparation avait d'important, négligèrent ces précautions qui leur parurent sans doute excessives, et vendirent du catgut trop jeune ou conservé dans des flacons mal bouchés, remplis d'huiles de mauvaise qualité. Ce sans-gêne dans la fabrication atteignit un tel degré, qu'il fut une époque pendant laquelle on pouvait, en débouchant au hasard quelque flacon de catgut acheté dans une officine, se rendre compte de l'impureté du produit, rien qu'à l'odeur infecte qui s'en dégageait.

Mais, convenons-en, la faute de tout cela venait bien un peu des chirurgiens, qui, par paresse, avaient cessé de préparer eux-mêmes leur catgut, ainsi que l'enseignait Lister. Ceux qui ont conservé les saines traditions, et c'est le cas de citer en première ligne M. Championnière, ne virent pas d'accidents se produire dans leur pratique, du fait du catgut impur; ils déclarent leur fil parfaitement aseptique, et n'éprouvent nulle envie de changer son mode de préparation.

Voyons ce qu'ont fait les autres.

Dans une thèse de grande valeur (*Ueber Catgut infecktion*), le docteur C. Brunner, de Zurich, étudie soigneusement les divers moyens tour à tour proposés pour amener la désinfection de la corde à boyau; nous ne saurions mieux faire que résumer ici son travail.

M. Brunner rappelle que tout en restant fidèle à sa préparation primitive, Lister la modifia afin de ralentir si possible la résorption, parfois trop rapide, du catgut. Dans ce but, il le plonge dans la solution suivante :

Acide chromique.............	1	gramme.
Eau distillée..................	4000	grammes.
Acide phénique..............	200	—

C'était, en somme, une solution phéniquée au vingtième dans une eau chromique faible.

Cette minime quantité d'acide chromique suffit à produire, de concert avec l'acide phénique, un catgut qui résiste pendant une quinzaine de jours à la résorption.

Cette solidité plus grande permet d'employer ce fil dans des cas spéciaux, pour lesquels on avait coutume de se servir de fils métalliques; mais il conserve sur ce dernier la supériorité incontestable de se résorber, et d'éviter par conséquent au malade et au chirurgien le souci de l'enlèvement des sutures.

Lister recommande, pour que la préparation réussisse, d'ajouter exactement le même poids de catgut que d'acide phénique; puis, de sortir le fil du mélange, de le faire sécher et de le conserver dans une solution d'huile phéniquée à 20 0/0.

Mac Even prépare une solution aqueuse d'acide chromique au 1/5.

Il mélange une partie de cette solution à 20 parties de glycérine et y place le catgut durant 8 mois.

De temps en temps on agitera le flacon.

Le catgut devenu peu à peu transparent, on le conserve dans la glycérine phéniquée à 1/10.

C'est également vers le quinzième jour que commence la résorption de ce fil. Mickulicz modifie encore le procédé : quarante-huit heures d'immersion de la corde à boyau dans de la glycérine phéniquée à 10 0/0; puis cinq heures dans une solution d'acide chromique à 12 0/0. Conservation dans l'alcool absolu.

Ces préparations du catgut par l'acide chromique rendant cette substance plus résistante, moins résorbable, permettent d'employer des fils de petit volume, qui maintiennent néanmoins la suture pendant tout le temps voulu. Cet avantage, précieux dans certaines autoplasties, dans des opérations de fistules, mérite d'être apprécié.

Mais revenons à la désinfection proprement dite.

On imagina de stériliser le catgut au moyen d'huiles éthérées.

Kocher, ayant eu de nombreux déboires avec le catgut de Lister, préconise l'immersion de la corde durant vingt-quatre heures dans l'huile de genièvre, puis sa conservation dans l'alcool absolu.

Roux, de Lausanne, substitue l'huile de térébenthine à celle de genièvre, par mesure d'économie.

Schede, de Hambourg, enroule la corde à boyau autour d'une bobine qu'il place dans la solution aqueuse de sublimé au millième, pendant un nombre d'heures variable suivant le volume de la corde.

Douze heures suffisent pour les plus grosses. Ce catgut n'est pas irritant pour les plaies, et se résorbe en trois ou quatre jours.

Esmarch, de Kiel, dégraisse tout d'abord le catgut en le brossant dans de l'eau savonneuse; il le rince ensuite et le plonge dans une solution de sublimé au millième, dans laquelle il le laisse pendant douze heures; puis, pendant douze heures encore, dans : alcool, 200; sublimé, 1. Après l'avoir séché, il le conserve dans des flacons bouchés à l'émeri.

Au moment de s'en servir, on le plonge de nouveau dans la solution :

Alcool......................	2000 grammes.
Sublimé....................	1 gramme.

Zweifel plonge le catgut pendant quarante-huit heures dans le sublimé à 2 0/00, huit jours dans l'huile de genièvre, et le conserve dans l'alcool absolu.

Braatz : quarante-huit heures dans l'huile de genièvre, douze dans l'éther, quarante-huit dans le sublimé à 1 0/00, puis dans l'alcool à 95°.

D'autres méthodes dites *combinées*, mais qui méritent mieux encore le qualificatif de *compliquées*, virent le jour.

On peut faire varier à l'infini ces groupements antiseptiques, sans autre avantage que de décorer de son nom des préparations qui ne sont ni meilleures ni plus mauvaises que les autres.

Tous ces moyens chimiques nécessitent, comme on vient de le voir, une série de manipulations, sinon difficiles, tout au moins longues et ennuyeuses; aussi, étais-je toujours hanté du désir de trouver mieux en cherchant dans une autre direction. Considérant les efforts tentés jusqu'alors, je fus frappé du fait qu'on n'avait point songé à la désinfection la plus sûre, la plus simple et la plus rapide : celle par la chaleur! Était-il donc impossible de porter la corde à boyau à une température suffisante pour tuer les germes qu'elle renferme, sans la détruire elle-même?

Reprenant la question *ab ovo*, j'allai chez le fabricant de cordes à boyau, examiner la manière dont il les traite.

Les solutions employées pour cette préparation sont chose fort importante, tant au point de vue de la désinfection qu'à celui du dégraissage et de la conservation de la texture. Avant tout, elles ne doivent pas nuire à la force de résistance non plus qu'à la souplesse.

Ayant pu me rendre un compte exact de toutes les manipulations nécessaires, j'obtins bientôt un fil excellent et régulier.

Ce premier point établi, restait la question de la désinfection.

Le 14 décembre 1886, je plaçai dans une étuve à air sec, de Wiessneg, quelques rouleaux de catgut, de 5 mètres de long, peu serrés, et fis monter progressivement la température de l'étuve à 150 degrés; je maintins cette température pendant environ cinq heures;

j'éteignis le gaz et laissai le refroidissement se faire, sans ouvrir l'étuve.

A la suite de cette épreuve, le fil présentait une coloration roussâtre, il était cassant, presque inutilisable. Je pus cependant m'en servir pour les ligatures d'une amputation de sein. L'expérience était instructive, mais le résultat incomplet.

Je continuai mes recherches afin de savoir si, en surveillant étape par étape la fabrication de la corde, je ne découvrirais rien qui pût expliquer la raison pour laquelle le catgut perdait dans l'étuve ses qualités essentielles.

Je vis donc se dérouler devant moi les longues et soigneuses manipulations du fabricant; et, lorsque la corde fut achevée, je lui demandai si c'était à cela que se bornait son travail.

« Il ne me reste plus qu'à graisser les cordes avec de l'huile », fut sa réponse.

C'était une révélation !

La graisse, déposée à la surface du catgut dans le but de le conserver, rôtissait à 140° et brûlait la corde elle-même ; il n'y avait pas à en douter.

Je pris donc les *mêmes cordes* que précédemment, mais *non graissées*, et les plaçai dans l'étuve pour les soumettre exactement aux *mêmes conditions* d'expérience.

Celles-ci résistèrent ; et, depuis sept ans je n'ai en rien modifié ce mode de préparation, qui me donne un excellent produit, parfaitement constant.

Quatre heures de séjour dans l'étuve chauffée à 140° sont *plus que suffisantes*, surtout lorsqu'il s'agit de fils fins.

Mais puisque le catgut supporte cette désinfection excessive, il est plus sûr d'en profiter.

La chose capitale, importante par-dessus tout, c'est de *n'arriver à cette température que peu à peu* afin que le catgut se déshydrate complètement.

On m'a accusé d'avoir donné trop d'importance au dégraissage du catgut : c'est une erreur, le dégraissage est important; il se fait *pendant* la préparation de la corde à boyau au moyen de lessives de soude. J'ai insisté sur le grand inconvénient qu'il y avait à *graisser* volontairement les cordes comme le font souvent les fabricants pour donner belle apparence à leurs produits.

M. Larochette, de Lyon, pharmacien de 1re classe, a repris mes expériences, en les modifiant en ce sens qu'il a renfermé le catgut dans de *petits tubes fermés;* il n'a pas tardé à se rendre compte que dans ces conditions le catgut n'est pas utilisable. Il a réussi au contraire, en se servant, comme je l'avais indiqué, d'une vaste étuve comme celle de Wiesneg, a préparer un catgut solide.

M. Larochette, comme je l'avais recommandé, élève lentement la température, mais n'attache aucune importance au fait que le catgut soit graissé ou non; je ne partage pas absolument cette manière de voir, car la déshydratation de la corde étant le point capital, il ne peut être indifférent qu'un corps gras recouvre les surfaces au travers desquelles l'eau doit s'échapper.

D'ailleurs, ne pas graisser les cordes, ainsi que je le recommande, n'est pas une complication, c'est au contraire une peine évitée au fabricant.

En revanche, M. Larochette a montré qu'on peut se

passer d'un appareil coûteux tel qu'une étuve, et qu'il suffit, pour préparer le catgut suivant ma méthode, d'un large bocal de verre qu'on place dans un bain d'huile.

Le bouchon de liège qui ferme le bocal est percé de trois ouvertures au travers desquelles passent un thermomètre, un tube recourbé pour permettre l'évaporation de l'eau contenue dans les cordes, et un régulateur de la chaleur.

La température du bain d'huile est lentement portée à 140 degrés; on l'y maintient deux heures durant.

On peut préparer dans l'étuve de Wiesneg douze douzaine de rouleaux de 5 mètres chacun, soit 720 mètres de catgut en moins de 5 heures!

Dès que l'étuve a repris la température ambiante, on l'ouvre, et, à l'aide d'une pince flambée, on fait tomber un à un les rouleaux de catgut dans un bocal rempli d'alcool absolu.

Au moment de commencer une opération, on place le fil dans la solution d'acide phénique à 3 0/0 et quelques minutes après, c'est-à-dire lorsqu'on en a besoin pour les ligatures, on le trouve aussi souple qu'il est possible de le désirer, plus souple certainement que le crin de Florence ou même la soie.

Mes expériences sur la stérilisation du catgut par la chaleur sèche datent de décembre 1886; elles furent publiées en été 1888, car la réhabilitation du catgut me tenait si fort à cœur que je ne voulais rien avancer dont je ne fusse absolument sûr, tant au point de vue des résultats cliniques, qu'à celui des constatations bactériologiques.

Mon ami M. Massol voulut bien se charger des recherches de laboratoire, et les conduisit avec une minutieuse patience. Voici ses conclusions :

1° Chaque fois que nous avons ensemencé sur de la gélatine ou de l'agar-peptone des fragments d'un rouleau de catgut non stérilisé, nous avons *toujours* constaté des formations de colonies dans les tubes de culture.

2° Lorsque nous avons ensemencé dans le substratum contenu dans les tubes des morceaux de catgut ayant séjourné quelque temps dans l'acool et dans l'huile de genièvre, l'apparition des colonies n'a pas été constante, mais, dans bon nombre de cas, nous avons obtenu des cultures en dépit des liquides stérilisateurs dans lesquels les rouleaux de catgut avaient macéré.

Le catgut est donc une substance renfermant toujours des organismes, malgré les soins apportés à sa fabrication ; et les liquides, alcool, huile de genièvre, etc., dans lesquels on le fait séjourner, ne lui procurent qu'une asepsie incertaine. Sur ces points nos expériences sont d'accord avec la clinique.

3° Toutes les séries d'ensemencements que nous avons faites avec des fragments de catgut stérilisé à l'étuve n'ont *jamais* donné naissance à des colonies.

Les essais nombreux qui nous ont amené à la constatation de ce troisième point démontrent que le catgut, soumis pendant quelques heures à l'action de la chaleur sèche, est une substance qu'il est possible de rendre absolument aseptique, et qu'il serait dommage de se priver d'un matériel possédant des qualités aussi précieuses.

J'adressai également à mon excellent confrère le

Dr Bovet, de Berne, des échantillons de ce catgut. Ses constatations furent identiques à celles de M. Massol ; et, dans la réponse qu'il m'adressa il conclut ainsi :

« Ces expériences renouvelées souvent, et faites avec soin, semblent prouver que votre procédé, tout simple qu'il soit, suffit pour stériliser le catgut, sans lui enlever sa solidité. »

Le Dr Brunner qui, lui aussi, a fait de nombreuses épreuves de contrôle bactériologique, arrive à cette conclusion :

« D'entre les diverses préparations de catgut, celles au sublimé et le catgut d'A. Reverdin sont absolument stériles, tandis que celles préparées avec l'acide phénique, l'acide chromique ou l'huile de genièvre contiennent souvent des micro-organismes. »

Il ajoute : « la communication que Reverdin a faite, il y a plus d'un an, a été reprise ces derniers temps par M. Benckisser, lequel croit en être l'inventeur [1]. »

Mais revenons à la thèse du Dr Brunner.

Pour baser sur des données précises son opinion relativement à la valeur clinique du catgut, notre confrère de Zurich ouvrit une enquête minutieuse.

Il demanda aux principaux chirurgiens d'Allemagne et de Suisse de lui faire connaître leurs griefs concernant le catgut, et d'une façon générale leur opinion sur les divers fils à ligature. Cette enquête est assez inté-

1. Cette question de priorité présente pour moi une importance assez réelle pour que je cite les dates : — Mes premières expériences ont été faites en 1886. J'ai publié en juin, juillet, septembre 1888 dans la *Revue de la Suisse romande*, la méthode dans tous ses détails, ainsi que les résultats des expériences bactériologiques et cliniques. La publication du Dr Benckisser n'a paru qu'en 1889, et n'ajoute rien aux résultats déjà connus.

ressante à suivre pour que j'en donne ici un court résumé.

Écoutons d'abord les plaignants :

Le professeur Zweifel, à la suite d'une opération de fistule vaginale, vit survenir des accidents septicémiques suivis de mort au douzième jour.

Il attribua au catgut ce fâcheux résultat, et sa conviction s'affermit par la lecture d'une observation analogue, relative à une simple ovariotomie.

Le catgut fut examiné au microscope, et on y découvrit des bactéries en grand nombre.

Volkmann raconte qu'à la suite de deux amputations du sein largement faites, il employa du catgut pour rapprocher les bords de la plaie.

Chez l'une des malades, il se déclara, dans chaque orifice de suture, une mortification intéressant non seulement la peau, mais encore le tissu cellulaire et les muscles.

Des fragments de tissu sphacélé, gros comme le doigt, s'éliminèrent; cependant, la malade guérit. Quand à la seconde opérée, une pustule dure, bientôt recouverte d'une phlyctène livide, se développa sur le bord de la plaie; la mortification s'étendit de proche en proche jusque près de la clavicule : des expériences de laboratoire prouvèrent que cette infection était certainement imputable au catgut.

Le professeur von Mosetig-Moorhof, de Vienne, observa, à la suite de deux opérations de castration unilatérale. pour épididymites tuberculeuses, une suppuration du cordon, due au catgut de Schaffouse.

Il perdit en cinq jours un malade opéré d'une épiplocèle. A l'autopsie, on trouva le pédicule épiploïque suppurant autour de la ligature et renfermant des veines thrombosées. Le même accident, survenu à la suite d'une ovariotomie, décida le chirurgien viennois à abandonner le catgut.

« J'adoptai, dit-il, la soie au sublimé ; aucun cas d'infection ne résulta de cette pratique, mais la lente élimination des ligatures, suivie de longues suppurations, me fit revenir au catgut, non plus préparé à l'acide phénique, mais au sublimé. »

Le docteur Schede, de Hambourg, a observé fréquemment que les points de suture au catgut suppuraient ; mais ayant reconnu au microscope que son catgut était exempt de germes, il attribua plutôt ces accidents à une désinfection insuffisante des aiguilles. Ce qui le confirma dans cette opinion, c'est qu'il eut exactement les mêmes imperfections avec la soie désinfectée à l'acide phénique, puis à la vapeur d'eau et conservée dans la solution sublimée à 1 0/0.

Le docteur Kappeler rapporte qu'à la suite d'une extirpation de goître il a observé des phénomènes d'infection. En en recherchant l'origine, il trouva que l'huile phéniquée dans laquelle le catgut était conservé répandait une très mauvaise odeur.

Depuis lors, il prépara lui-même son catgut avec la solution de glycérine sublimée à 5 0/0 et en obtint de bons services.

Le professeur Socin, de Bâle, s'est servi pendant des années de catgut de diverses provenances ; il n'a cependant observé qu'un cas d'infection qui lui fût attribuable ; mais, convaincu par les arguments de Kocher, il abandonna le catgut, et le remplaça par la soie.

Il revint plus tard au catgut, surtout pour les opérations qui nécessitent de nombreuses ligatures, parce qu'il constata souvent que la soie, après deux ou trois mois, s'éliminait en formant dans la cicatrice de petits abcès aseptiques.

Neuber, de Kiel, donne sa confiance au catgut préparé à l'huile de genièvre, celui de Lister lui ayant causé de fréquentes déceptions. Quant à la soie de Czerny, quoique aseptique, elle nécessite, dit-il, l'enlèvement des sutures, faute de quoi on remarque souvent des cicatrisations difficiles, entravées par de petites suppurations qui se développent volontiers autour d'elle.

Le professeur Czerny, bien que partisan de la soie en général, utilise cependant le catgut dans les amputations et les résections ; tandis que, pour les opérations sur le périnée et les fistules vésico-vaginales, il reste fidèle au fil d'argent et au crin de Florence.

Le professeur Bruns, de Tubingue, se sert exclusivement du catgut (de Weber, à Genève), qu'il fait macérer vingt-quatre heures dans l'huile de genièvre, puis dans l'alcool.

Quant au docteur Brunner, auquel nous devons ces précieux renseignements, il donne aussi les résultats obtenus sous ses yeux à la clinique du professeur Krönlein, de Zurich.

Sur cent cinquante-quatre grandes opérations, le catgut n'a jamais déterminé aucun accident infectieux, non plus qu'aucune hémorragie secondaire.

Depuis plusieurs années, la plupart des chirurgiens consultés par Brunner emploient surtout le catgut au sublimé, tandis que la minorité se sert de catgut à l'huile de genièvre, quelques-uns enfin ont conservé le catgut de Lister. En somme, malgré les accidents signalés, les résultats ont été généralement très favorables au catgut. Le docteur Brunner a fait de nombreuses expériences sur les animaux, pour se rendre compte de la faculté plus ou moins grande de résorption des divers catguts ; il conclut de ces recherches qu'il n'existe pas de différence notable entre eux, et que tous sont capables, dans une plaie *restée aseptique*, d'assurer l'oblitération définitive des artères liées.

Abordant ensuite la question de la solidité des fils, il la tranche au moyen d'expériences de tension faites avec le dynamomètre.

Prenant, pour ses essais, douze morceaux de catgut de même longueur, il note le poids nécessaire pour produire leur rupture, puis il en déduit la moyenne.

La même manière de procéder, appliquée aux divers catguts, lui donne les résultats suivants : « La corde à boyau n'ayant subi aucune préparation possède une résistance notablement plus forte que n'importe quel catgut.

« Par contre, d'entre tous les catguts, ce furent ceux préparés à l'acide chromique et celui d'Auguste Reverdin qui furent reconnus les plus résistants.

« Ce dernier, fabriqué à Genève, démontre à l'évidence que la corde à boyau ne subit dans ses qualités physiques aucune altération appréciable sous l'influence de la chaleur sèche portée à 140°. J'ajouterai que je n'ai moi-même jamais pu obtenir une qualité aussi parfaite par ce moyen de stérilisation, et que, généralement mon fil devenait plus ou moins cassant.

« La même constatation a été faite par d'autres (Tiselsberg, à Vienne).

« Le catgut au sublimé n'occupe pas, au point de vue de la solidité, le dernier degré de l'échelle ; il est encore très bon.

« Il faut cependant remarquer que la présence du sublimé, même en faible quantité, tend à la longue à rendre le fil cassant. »

Quant aux résultats obtenus à notre clinique (depuis 1886), ils n'ont cessé d'être excellents. Je puis dire qu'aucun fil de catgut ayant servi à une ligature ou à une suture perdue n'a reparu. La confiance que nous avons en lui est telle que nous multiplions parfois les ligatures sans besoin urgent, tant nous sommes sûrs de l'asepsie des fils. C'est à lui que nous confions la ligature de tous les vaisseaux. Il n'est pas besoin de prendre de gros fils, même pour les artères importantes. J'ai lié une carotide primitive avec un catgut bien moins fort qu'une chanterelle.

Quant à dire que le catgut ne saurait être sûr, puisqu'il se résorbe, c'est bien mal comprendre le principal mérite de ce fil merveilleux. Ceux qui soutiennent de pareilles hérésies n'ont sans doute jamais manié de bon catgut, ou n'ont guère su en tirer parti ; car c'est précisément cette résorption lente et aseptique qui en fait la valeur, et qui, jointe au travail d'organisation que subissent les parties non dissoutes, réalise le matériel de ligature par excellence.

Le commerce a fourni et fournit encore de très mauvais catguts ; mais il ne faut pas se décourager pour cela.

Ma conclusion est celle-ci : *Le chirurgien soucieux de ses résultats doit être sûr de la provenance du catgut qu'il emploie, ou mieux doit le préparer lui-même*, soit qu'il adopte la méthode que j'ai indiquée, qui n'est ni longue, ni compliquée, mais sûre et économique, soit qu'il préfère les solutions mercurielles de bichlorure avec Schede, Esmarch, Bergmann, etc... ou celles de biiodure avec Girard de Berne.

La stérilisation hydrargyrique vaut à peu de chose près celle de l'étuve sèche; et, quoique préférant cette dernière, je dois reconnaître les mérites de ses concurrentes.

Ce chapitre peut paraître occuper, relativement aux autres, une place quelque peu exagérée, je le confesse; mais je prie mes lecteurs de ne voir, dans la complaisance que j'ai mise à le développer, que la preuve de l'admiration que je professe pour la découverte de Lister.

La soie.

En raison de sa force et de la sûreté de son nœud, la soie trouve sa place dans quelques ligatures importantes, non pas tant de vaisseaux isolés que de pédicules volumineux.

Bon nombre d'opérateurs la préfèrent à tout lorsqu'au cours d'une laparotomie, ils doivent lier quelque moignon formé de la trompe, de tissu utérin, ou étreindre le pédicule de gros kystes ovariques, etc.

Le catgut qu'il faudrait employer dans ces cas devrait être très épais, et son nœud risquerait d'autant de se relâcher.

Il est incontestable, en effet, que, dans un milieu humide et chaud, la corde à boyau se gonfle; ce gonflement écarte chaque partie constituante du nœud, ce qui fait que celui-ci se relâche forcément, et ce relâchement, qui n'a pas d'importance lorqu'il s'agit d'un fil de moyenne grosseur, en acquiert au contraire une très réelle lorsqu'il s'agit d'un fil volumineux.

Nulle part l'enkystement de la soie ne se fait mieux que dans la cavité péritonéale, en sorte que son emploi, quoique ne réalisant pas l'avantage de la résorption du fil, sera, je pense, conservée longtemps encore, dans la chirurgie abdominale. Il n'en sera pas de même pour la ligature des vaisseaux.

La soie coupe les tuniques internes des artères au moment où l'on serre la ligature, mais son contact avec la tunique externe n'est pas comparable à celui du catgut.

Elle ne peut en effet, comme ce dernier, faire peu à peu corps avec les tissus; elle leur reste toujours étrangère, et risque d'y produire une réaction dangereuse. Malgré les succès qu'on lui attribue, la soie est parfois éliminée, elle expose donc aux suppurations et aux hémorragies secondaires.

Depuis qu'on a voulu la substituer au catgut, même pour les ligatures, on s'est évertué à résoudre le problème de sa stérilisation.

Son passage à l'autoclave serait sans contredit le plus sûr moyen d'y parvenir, mais la soie supporte mal cette épreuve.

L'ébullition prolongée dans une solution phéniquée à 5 0/0 ou sublimée à 2 0/0, est préférable ; toutefois, il faut avoir soin d'enrouler très lâchement la soie sur des bobines de verre ou de porcelaine, afin qu'elle ne casse pas sous l'influence du gonflement que produit son imbibition par les liquides dans lesquels on la fait bouillir.

Il est prudent aussi de ne pas répéter trop souvent cette désinfection sur la même soie, car on lui ferait perdre beaucoup de sa solidité.

Vingt minutes d'ébullition suffisent, surtout si l'on a soin de conserver le fil dans la solution phéniquée à 5 0/0.

Lorsqu'on a en vue une opération importante, il vaut mieux préparer spécialement, le jour même ou la veille, la soie dont on aura besoin et s'assurer, avant le moment de s'en servir, que sa résistance n'est pas trop amoindrie.

Partoch conseille de faire tremper la soie pendant vint-quatre à quarante-huit heures dans une solution de sublimé au millième, puis ensuite dans de l'éther iodoformé à 10 0/0, et de la conserver à sec dans des flacons bouchés à l'émeri. Avant l'opération on la baigne de nouveau dans le sublimé, afin de lui rendre sa souplesse.

Le caoutchouc.

L'hystérectomie étant devenue, depuis quelques années, une opération fréquente, on a perfectionné la confection du pédicule utérin, et modifié sa ligature.

Le tissu musculaire de l'utérus, vu sa résistance, demande à être lié avec un fil, non seulement plus fort que le fil de soie, mais dont l'élasticité puisse lutter contre celle du tissu utérin.

Dans ce but, on a adopté un lien *de caoutchouc plein*, dont on assure le nœud avec des appareils aussi ingénieux que variés (Pozzi, Segond) ou au moyen d'un solide fil de soie.

Aseptisée dans le sublimé ou l'acide phénique, cette puissante ligature rend d'assez bons services et, chose surprenante, est *en général* bien tolérée par le péritoine. De temps en temps cependant un abcès se forme, et le caoutchouc est rejeté avec le pus.

Aussi, toutes les fois qu'on pourra faire l'*hystérectomie totale par l'abdomen*, devra-t-on s'y appliquer. On supprime de la sorte le pédicule, et du même coup la ligature.

C'est dans le but de faciliter cette opération, et d'en diminuer la durée, que j'ai présenté, au mois de mai 1892[1], une machine à traction, destinée à faciliter l'extirpation des tumeurs abdominales solides, et à permettre ainsi la suppression de tout moignon.

Le vagin, sectionné autour du col utérin, est hermétiquement recousu, car, malgré tout, le drainage par ce canal présente du danger, l'asepsie n'en étant jamais très sûre.

D'ailleurs, le plus souvent, on pourra se passer de drains tout aussi bien qu'à la suite de l'ovariotomie.

Il ést intéressant cependant de connaître le parti qu'on peut tirer de la ligature au caoutchouc, qui, malgré ses inconvénients, est encore fréquemment employée.

Catgut, soie et caoutchouc, sont des substances qui répondent à tous nos besoins lorsqu'il s'agit de la ligature; en se complétant mutuellement, elles facilitent singulièrement notre tâche.

1. *Réunion des médecins de la Suisse romande*, mai 1892.

XV

DRAINAGE

Après la ligature des artères, le drainage a pris rang parmi les plus grands progrès de la chirurgie.

Il est impossible d'affirmer ses véritables origines; mais il est généralement admis que c'est à Chassaignac que revient l'incontestable mérite de l'avoir érigé en méthode, d'en avoir perfectionné les moyens, et défini les indications.

La nature, en cela comme en tant d'autres circonstances, nous a d'ailleurs tracé la route.

Ne voyons-nous pas chaque jour cette grande médicatrice perforer les téguments à l'aide des moyens physiologiques dont elle dispose, et permettre ainsi l'écoulement de produits dont la rétention serait un danger pour l'organisme?

N'était-il pas tout indiqué de l'imiter et, précédant ses efforts, de créer nous-mêmes les voies de décharge nécessaires?

Aussi, n'est-il aucun chirurgien qui n'ait compris, depuis les temps les plus reculés, que l'écartement des lèvres de la plaie par l'interposition d'un corps étranger est une facilité donnée à l'écoulement du pus.

Au XIIe siècle déjà, Abulkasis préconisait dans ce

but l'introduction de languettes de toile. Bell, au XVIIIe siècle, remplaçait ce moyen rudimentaire par des tubes de plomb.

Chassaignac fit mieux : il adopta les tubes de caoutchouc, qui sont encore, sans contredit, le meilleur matériel de drainage; mais pour en obtenir tout ce qu'ils peuvent donner, encore faut-il savoir les choisir, les tailler et les désinfecter.

Tel que Chassaignac le comprit, le drainage ne pouvait moins faire que d'entrer dans la pratique, car il arrivait à point nommé.

En effet, comme nous l'avons dit, les opérations les plus réglées étaient souvent suivies d'accidents : phlegmons circonscrits ou diffus étaient alors de pratique courante, et les vastes collections purulentes formaient le plus gros appoint des cliniques de chirurgie.

Le trocart de Chassaignac fit florès!

Lorsque Lister édifia sa nouvelle méthode, il eut bien soin de recommander le drainage, et, pour rendre justice à Chassaignac, il a toujours la délicate attention de rappeler son nom chaque fois qu'il demande un drain.

Pour être efficace, un bon drainage doit remplir certaines conditions que nous allons étudier, et auxquelles le praticien est tenu de souscrire toutes les fois que la chose est possible, mais dont il ne doit cependant pas rester l'esclave.

L'hydrostatique commande de placer l'ouverture de décharge dans le point le plus déclive de la cavité à vider. Mais il ne sera pas toujours possible de remplir ce desideratum, car il faut tout d'abord apprécier quelle va être, une fois l'opération faite, la position adoptée par le malade, comme aussi celle que, pour diverses raisons, nous serons tenus de lui imposer.

En outre, il est des conditions anatomiques dont on doit tenir compte.

On ne peut pas toujours sans danger ou sans délabrements inutiles, faire passer bon gré malgré un drain par le point qui satisfait le mieux aux lois de la physique.

Je n'en veux pour exemple que ce qui arriverait si on s'avisait de perforer le sternum pour drainer en sa partie la plus basse la cavité résultant de l'ablation d'un goître rétro-sternal!

Dans d'autres cas ce sont les exigences d'un pansement qui priment tout.

Il pourra donc se faire qu'on donne au drain une place un peu moins favorable que la théorie ne l'aurait voulu, afin d'être sûr que le pansement le recouvrira exactement.

Fort heureusement, ces entorses au principe général sont compatibles avec un bon asséchement des cavités, et sont toutes consenties pour le plus grand succès de l'antisepsie.

Une fois que la position du drain est décidée en principe, rien n'est plus simple que de déposer le tube au fond de la plaie.

Ordinairement les doigts suffisent; mais, lorsqu'on le fait passer par une contre-ouverture, il peut être commode d'avoir un instrument destiné à faciliter cette besogne. Le plus souvent, on perfore la peau de dehors en dedans avec un bistouri ; puis, lui substituant une pince hémostatique, on saisit le drain et on l'attire à travers l'ouverture.

Mais il arrive quelquefois, surtout dans certaines

régions riches en tissu cellulaire, que la pince ne suit pas exactement le pertuis dû au bistouri, et rencontre des résistances qu'il faut à leur tour inciser. Cela n'offre, il est vrai, d'autre inconvénient que de prolonger la manœuvre.

Pour éviter cette perte de temps, il faut aller à la rencontre du bistouri avec une pince et le saisir.

On sera sûr alors de ne pas faire fausse route et de ressortir au bon endroit ; mais la pince glisse parfois sur les faces obliques de la lame, et le but n'est pas atteint.

C'est pour cela que divers instruments spéciaux ont été proposés.

La pince de Lister, mince, effilée, s'insinue facilement dans les trajets, mais comme elle ne coupe pas, il faut recourir encore au bistouri.

Wölfler a donné une pince qui perfore et avec laquelle on retire le drain ; elle est bonne.

Maurer préfère un stylet qui présente deux renflement olivaires à l'une de ses extrémités.

En forçant le drain sur ceux-ci on le retire; mais, là encore, il faut inciser au préalable.

Le stylet de Bruns est beaucoup plus compliqué, de même que l'instrument de Fraipont.

J'ai moi-même fait faire un porte-drain : il se compose d'une tige de métal, terminée d'un côté par une large surface de forme lancéolaire et coupant sur ses deux bords.

L'extrémité opposée est fendue suivant sa longueur, parallèlement à l'axe de l'instrument ; les deux lamelles qui résultent de cette scissure ont, grâce à leur trempe, une tendance à s'écarter l'une de l'autre.

Un simple clou à deux têtes, sorte de coulant, les maintient rapprochées.

Leur partie libre est pourvue de griffes.

Il est facile de comprendre comment un drain pincé entre ces deux branches suit l'instrument lorsqu'il perfore la peau et se substitue exactement à lui.

Pour peu qu'on ait soin de tirer sur le drain pendant son passage, il glisse aisément à sa place, car cette traction diminue momentanément son volume.

Drains.

Depuis Chassaignac, nous nous servons du drain en caoutchouc : le rouge est le meilleur. L'épaisseur des parois, la longueur et le calibre du drain varient suivant les circonstances. Quant aux yeux, il sont souvent taillés d'avance et au hasard; c'est un tort, car si on impose à une plaie un corps étranger c'est pour qu'elle en retire au moins tout le bénéfice possible.

Il faut donc placer les ouvertures avec discernement, et faire en sorte que leur diamètre soit aussi grand que possible sans compromettre pour cela la solidité du tube.

En fait de drains solides, nous avons ceux en verre que Koeberlé et Keith ont préconisés pour le drainage du péritoine.

Au point de vue de la propreté, ils sont parfaits; mais ces tubes brutalement rigides, plongés dans le fond de la cavité abdominale au mépris de la souplesse des organes qu'ils déplacent, ne pouvaient gagner toutes les sympathies; aussi n'ont-ils fait qu'une courte apparition dans la chirurgie.

Ce qui contribua à leur conserver quelque faveur, ce fut la combinaison proposée par Hégar, laquelle consistait à remplir ces tubes de gaze, d'ouate ou de mèches, destinées à agir par capillarité sur les liquides qu'on voulait extraire de la cavité péritonéale.

Sans cet adjuvant, le tube de verre draine assez mal pour que Tait ait fait construire une ventouse aspiratrice, avec laquelle il dégorge les tubes de verre, décidément trop paresseux.

Mon ami Championnière conseille de se servir des drains de caoutchouc durci, à larges yeux, qu'il a fait construire.

Ces tubes se désinfectant facilement peuvent servir plusieurs fois; enfin les antiseptiques couramment usités en chirurgie ne les altèrent pas.

Je ne parlerai que pour mémoire des drains d'argent, de celluloïde ou d'aluminium; aucune de ces substances n'offre de supériorité notable sur le classique tube de Chassaignac.

Qu'il soit gris, rouge ou noir, dur ou mou, au choix du chirurgien, c'est le caoutchouc qui tiendra pour longtemps encore le haut du pavé.

Une objection souvent faite aux drains solides, c'est la nécessité dans laquelle ils nous mettent d'ouvrir le pansement pour les supprimer ou les raccourcir.

Le professeur Sée, pour y répondre, a proposé d'attacher au drain un fil qu'on fait passer entre les couches du pansement, de façon à ce qu'il soit facile à tirer au dehors sans rien déranger. Quand on pense avoir suffisamment insisté, on cesse de tirer, et le drain reste dans le pansement.

Une idée beaucoup plus séduisante est celle de

Chiene et Neuber, qui ont imaginé de se servir de drains taillés dans de l'os, et de les décalcifier afin de les rendre résorbables comme le catgut.

Les os employés sont empruntés au squelette du cheval, du bœuf, des poulets, des dindons, etc...

Il n'est donc pas difficile de se procurer la matière première; quant à sa préparation, elle est assez simple.

Il s'agit de plonger ces os, pendant un temps variable suivant leur volume et leur dureté, dans une solution d'acide chlorhydrique au quart. Une fois la trame osseuse dépourvue des sels calcaires qu'elle contenait, on y pratique des trous, soit avec des ciseaux soit avec un emporte-pièce ou le thermo-cautère.

Ces drains, assez élastiques puisqu'ils sont constitués exclusivement par la matière organique de l'os, sont désinfectés dans une solution de sublimé au centième, puis conservés dans une solution au millième.

Malgré le bon accueil qui leur fut fait, ils n'ont guère été adoptés et, ajourd'hui, on n'en entend pour ainsi dire plus parler.

J'ai été tenté de les essayer, mais je n'ai pas trouvé que leur résorption s'effectuât avec la rapidité et la sûreté promises.

Une fois, j'ai dû en extraire un qui s'était incomplètement résorbé et qui occupait une place fort gênante dans le cou.

Le professeur Jacques L. Reverdin a retiré d'une vaginale les débris transformés d'un de ces tubes qu'il avait placé à la suite d'une cure radicale d'hydrocèle.

Non seulement le tube existait sous forme d'un cordon fibreux assez dur, mais le liquide s'était reproduit, probablement sous l'influence de l'irritation due au corps étranger, et une nouvelle intervention fut nécessaire.

Cette incertitude dans la résorption des drains d'osséine a détruit ma confiance; j'ai essayé, un peu dans la même direction, de voir ce qu'on pourrait obtenir, au point de vue du drainage, avec les artères de jeunes animaux. J'ai préparé des artères de veau, les faisant passer pendant quelques heures dans l'étuve sèche à 120, après les avoir enfilées sur une baguette de verre, afin d'éviter la déformation par la chaleur.

Malgré ces précautions, je n'ai pas obtenu un matériel satisfaisant; la substance devenait dure et cassante comme une plume d'oie, et j'avais de la peine à la retirer des baguettes auxquelles elle restait adhérente.

Si l'expérience avait mieux réussi, on aurait eu là des tubes de fort calibre relativement à leur volume, car les parois en sont minces.

Les artères collatérales, coupées au niveau de leur branchement sur le tronc principal, donnaient des fenêtres de bonnes dimensions. Il y a là une idée qui pourrait être reprise, ne fût-ce qu'à titre de curiosité. Mais le drainage peut s'obtenir autrement qu'avec des tubes. Lister réunit en faisceau des fils de catgut et les place dans la plaie. Ce drainage par capillarité a du bon, car il n'est plus besoin d'ouvrir le pansement pour retirer ce drain qui disparaît de lui-même.

Il faut toutefois se rappeler qu'avant de disparaître, le catgut subit un gonflement notable sous l'influence de la chaleur humide des plaies, et que, par conséquent, il importe de réserver un certain espace autour de lui, sinon, au lieu du rôle de drain, il jouerait celui d'un bouchon s'opposant à l'issue des liquides.

Le verre filé a été aussi essayé. Je veux bien croire que le long de ses fils, groupés en faisceaux de divers volumes, les liquides filtrent assez aisément, mais le crin de Florence ou les crins de cheval réalisent les mêmes avantages de finesse, de poli et d'asepsie facile, et sont certainement préférables à cet écheveau soyeux mais cassant, qui ne peut manquer de laisser de temps à autres quelque aiguille brisée dans la plaie.

Soigneusement désinfectées et conservées dans un liquide antiseptique, ces substances pourront rendre service dans quelques cas.

Lorsque par exemple on n'ose se risquer que peu à peu (crin par crin, en l'espèce) à diminuer l'importance du drainage, on le réduit ainsi progressivement à la portion congrue, jusqu'à sa suppression totale.

La gutta-percha laminée, que nous employons généralement à titre d'enveloppe imperméable, peut être utilisée sous forme de petits rouleaux.

On peut aussi se contenter de plier en deux, suivant sa longueur, une bandelette de cette gutta-percha.

Le drainage se fait alors suivant le principe *des lames*.

Tous ces petits procédés trouvent leur application pour les ablations de tumeurs du cuir chevelu, de la face, etc.

Le drainage, malgré ses avantages incontestables, présente cependant quelques inconvénients auxquels on a cherché à remédier de diverses manières.

Placé entre les lèvres de la plaie, le drain les écarte et gène leur réunion ; aussi a-t-on volontiers recours aux contre-ouvertures.

Les bords de la plaie exactement suturés n'ayant

plus alors de raison pour être touchés et dérangés, pourront guérir en paix, et la contre-ouverture à son tour se fermera sans encombre.

Laissé trop longtemps, et au contact trop immédiat d'un vaisseau, un drain peut en amener l'usure. L'hémorragie est donc à craindre en pareil cas, il faut y prendre garde.

J'ai vu aussi une anse intestinale, trop irritée par la présence d'un tube de caoutchouc, se souder à elle-même, ce qui fit bientôt éclater des phénomènes d'étranglement fort inquiétants. Ce sont là des exceptions sans doute, mais il est bon de ne pas les négliger.

Un accident qui se produit plus fréquemment est le suivant : Une suppuration, qui devrait depuis longtemps être tarie, continue on ne sait pourquoi. C'est un drain mal assujetti qui a glissé dans la profondeur. Ne le voyant plus, on pensait l'avoir enlevé. Il était simplement oublié, et il ne fallait rien moins que ces accidents pour attirer de nouveau l'attention sur lui.

J'ai vu un tube, disparu depuis longtemps dans la plèvre, ressortir grâce à un concours de circonstances vraiment bizarres : il s'engagea de lui-même dans un tube beaucoup plus gros qu'on avait introduit dans la cavité pleurale pour y pratiquer des irrigations !

On n'a pas toujours autant de bonheur, et la recherche des drains égarés a parfois nécessité des opérations, fort désagréables pour tout le monde.

Il faut donc fixer le drain, soit avec un bon fil qui le traverse ainsi que les bords de la peau, soit avec une épingle de sûreté qui repose sur la peau, perpendiculairement à la direction de l'incision.

Une petite garniture de gaze, placée au-dessous, en adoucit les contacts.

Une grosse question qui, depuis quelques années déjà, a fait couler beaucoup d'encre, est celle de la durée utile du drainage.

Lorsqu'il s'agit de collections purulentes, cette durée est en rapport direct avec la quantité de pus à évacuer, tout le monde est d'accord; mais, dès qu'il s'agit de plaies fraîches, on se demande toujours à quelle époque le drain doit être supprimé.

Il ne saurait y avoir de règle absolument fixe à cet égard, car plusieurs conditions peuvent influer sur la décision.

Tels sont l'âge du malade, la nature de la maladie ou du trausmatisme, comme aussi l'état des parties sur lesquelles on opère.

La jambe variqueuse d'un gros alcoolique nécessitera sans doute un drainage plus prolongé que celle d'une petite vieille sèche et bien portante.

Il est clair aussi que chez des gens, atteints de maladies constitutionnelles qui les prédisposent à l'infiltration et à la gangrène, le drainage devra être particulièrement soigné et soutenu.

Dans les débuts de l'antisepsie, on laissait les drains beaucoup plus longtemps qu'il n'est nécessaire aujourd'hui.

Cette pratique trouvait sa raison d'être dans les abondantes sécrétions provoquées par l'abus des antiseptiques et du pansement humide.

On ne les enlevait pas tout d'une pièce, mais on les raccourcissait au jour le jour. Il fallait les sortir, les laver, les couper. Ces manipulations avaient leur danger, cela va de soi.

Depuis que la tendance générale pousse à se rallier au pansement sec et à l'asepsie, la durée du drainage peut être notablement raccourcie.

Un seul exemple.

Autrefois, je maintenais pendant quatre et cinq jours le drainage à la suite des extirpations de goître; actuellement un ou deux jours suffisent.

On a reproché au drainage de forcer à rouvrir le pansement au lieu de le laisser en place jusqu'à guérison.

Est-ce là un si grand malheur? je ne le crois pas, car, si le bandage qu'on met après l'opération doit être assez compressif pour parfaire l'hémostase, cette constriction, nécessaire au premier moment, ne l'est plus deux jours après.

En outre, le premier pansement imbibé du sang qui transforme la mousseline en une masse dure comme du carton, est d'un contact désagréable; et le malade se trouve fort bien d'échanger cette carapace rigide contre un pansement plus propre, plus douillet, moins serré.

Je ne parle pas de la satisfaction de curiosité qu'on aura, dans certains cas, à constater le résultat obtenu; je ne fais entrer en ligne de compte que le bien-être du malade.

Si un amputé ou un réséqué guérit sous deux pansements, il n'a pas lieu de se plaindre; et la chirurgie qui veut pousser plus loin la proscription du drain, sous prétexte d'éviter le second pansement, me paraît se soucier d'une chose d'assez mince importance.

Mon ami, le Dr Jules Bœckel, dans un mémoire du plus haut intérêt, a démontré par les brillants résultats de sa pratique jusqu'où on pouvait aller en fait de simplification du drainage et du pansement. Il a éloquemment démontré, étape par étape, les progrès réalisés par lui dans la technique de la résection du genou.

Mais j'ai peine à croire que des chirurgiens, moins rompus que lui à cette opération et à cette méthode, arrivent à d'aussi remarquables succès.

Je suis persuadé qu'ils feront mieux de s'appuyer sur un drainage modéré, peu prolongé, tel que le pratiquait Bœckel il n'y a que peu de temps encore; plutôt que de risquer des coups de maître qui, malgré tout, présentent encore certaines incertitudes.

Neuber a été, lui aussi, hanté par le désir de la suppression du drain; il a proposé à cet effet trois manières de faire qui ont leur originalité et leur mérite.

Il a pensé que de bons trous faits à la peau suffiraient pour l'écoulement des liquides dangereux.

Il a donc fait construire un emporte-pièce avec lequel il découpe des rondelles dans la partie de la peau par où passeraient sans cela les drains.

Pour faciliter l'arrivée des liquides, il taille en outre avec des ciseaux la graisse et le tissu cellulaire souscutané en forme d'entonnoir, dont le sommet correspond précisément à la perforation ménagée dans la peau.

Si cette manière de faire ne donne pas pratiquement tout ce qu'elle promet théoriquement, elle suffit néanmoins, dans certains cas, et est assurément ingénieuse.

On ne l'a peut-être pas assez étudiée ou perfectionnée; elle a surtout le mérite de la simplicité.

Dernièrement le même chirurgien a adopté une autre méthode destinée à éviter le drainage; elle consiste dans l'application d'une compresse de gaze iodoformée sur la plaie qui résulte de l'opération.

La peau est ramenée par-dessus cette compresse et suturée.

A mesure que la suture s'éloigne de son point de départ, un aide comprime fortement la peau sur les parties profondes en même temps qu'il retire la compresse au fur et à mesure de la fermeture de la plaie.

Il arrive donc un moment où la compresse est supprimée, et la peau fortement comprimée sur les parties profondes : c'est précisément celui où la suture est achevée.

Étant sûr de cette façon de ne pas laisser de sang entre les surfaces dont il cherche la réunion, le chirurgien de Kiel ne fait pas de drainage mais continue à l'aide du bandage compressif à parfaire l'adhérence des tissus.

Ce procédé est peut-être un peu compliqué, mais il dessèche bien la plaie, ce qui est une bonne condition de réunion rapide.

Enfin Neuber a inventé les drains d'os décalcifié dont nous avons parlé.

Il est encore un chapitre du drainage d'un intérêt tout particulier, par le fait qu'il touche aux interventions les plus audacieuses et les plus à la mode, qui ne sont devenues possibles que grâce à la stricte observation des règles de l'antisepsie d'abord, de l'asepsie ensuite.

J'entends parler des laparotomies.

Le sujet vaut un volume; je ne ferai cependant que l'effleurer à propos du drainage.

Très volontiers mis en usage par les premiers ovariotomistes, le drainage a presque disparu de leur pratique en quelques années.

Cet abandon s'explique aisément.

D'abord la cavité abdominale peut recéler des quantités considérables de liquide sans que le péritoine réagisse. La place est vaste dans la grande séreuse, et il ne saurait y être question d'étranglement par rétention; les ascites sont là pour le prouver. — Puis le pouvoir absorbant du péritoine est tel que les liquides qu'on lui abandonne ont vite fait de disparaître; s'ils sont purs, il n'y a donc pas lieu de s'en préoccuper outre mesure. — Si des parties solides, caillots, fragments de tumeur ont été oubliés, la chose est plus sérieuse sans doute; mais qu'y faire?

Le drainage le plus généreux ne saurait en cette occurrence se montrer efficace; et, plutôt que d'encombrer l'abdomen de tubes de caoutchouc insuffisants, le mieux est encore de se fier à la puissance enkystante de la séreuse.

Maintenant que nous nous efforçons d'être propres, nous savons tout ce que le péritoine tolère, et nous sommes tenus de revenir sur la triste opinion que nous avions de lui quand nous étions sales.

N'a-t-il pas subi dernièrement encore, de l'aveu de confrères assez honnêtes pour s'en confesser publiquement, les derniers outrages sous forme de compresses, d'éponges, de pinces oubliées chez lui?

Et s'il a repoussé ces reliquats de la distraction ou de la négligence, par le rectum ou par une autre voie, ne l'a-t-il pas su faire discrètement, honnêtement, sans que tout l'organisme s'en ressentît?

Soyons propres avec lui, c'est tout ce qu'il exige, et nous n'aurons jamais affaire à un ingrat!

Le triomphe de l'asepsie est abdominal!

Il semblerait, d'après ce qui vient d'être dit, que le drainage du péritoine n'ait plus jamais sa raison d'être.

Il n'en est rien cependant, et quoique son importance soit bien moindre depuis les progrès de l'antisepsie, il se trouve toujours des cas exceptionnels dans lesquels on sera contraint d'avoir recours à lui.

Lorsque des liquides suspects se sont répandus dans la cavité abdominale pendant l'opération, on devra opter entre les deux manières de procéder qui se partagent l'opinion.

Autrefois, sous le nom de *toilette du péritoine*, on entendait le desséchement aussi complet que possible de la séreuse au moyen de serviettes, d'éponges montées, de mousseline, bref, de corps absorbants.

On fouillait dans les parties les plus profondes de l'abdomen pour en ramener liquides et caillots. Ces manœuvres duraient parfois fort longtemps.

Une pareille toilette m'a souvent paru inutile et quelquefois nuisible.

Il ne peut être indifférent en effet de frictionner de la sorte le péritoine avec des tampons chargés de matières aseptiques, sous prétexte de le débarrasser de produits redoutables.

Lorsque l'antisepsie fut admise, on voulut faire mieux en imbibant les tampons de substances microbicides.

Les malades le payèrent parfois de leur vie.

Depuis quelques années, on est arrivé à des moyens moins violents et beaucoup plus logiques.

Lorsqu'il faut décidément procéder à un nettoyage général, on irrigue la cavité abdominale avec de l'eau filtrée et bouillie, simple ou additionnée de chlorure de sodium dans la proportion de 5 à 6 0/00. Le liquide laveur doit être porté à la température de 39 degrés environ. Il ne faut pas en exagérer la température, surtout lorsqu'on irrigue les parties de l'abdomen voisines du plexus solaire. Polaillon en a signalé les dangers. Il est incontestable que le péritoine s'accommode beaucoup mieux de cette désinfection mécanique que des frictions à coups d'éponges, et de ce liquide quasi physiologique, plutôt que de solutions phéniquées ou sublimées qu'il risquait d'absorber jusqu'à ce que mort s'ensuivît.

Si l'on voulait absolument ajouter à l'eau quelque antiseptique, ce serait peut-être à l'acide salicylique au millième qu'il conviendrait de s'adresser.

Le liquide doit être placé dans un vaste récipient de verre absolument stérilisé et situé à une hauteur suffisante pour que la chute d'eau ait une certaine pression.

Il faut encore laver très soigneusement, au moment de s'en servir, le tube de caoutchouc qui part du récipient, non seulement à l'intérieur, mais aussi à l'extérieur, en l'essuyant avec un tampon de mousseline imbibé de solution sublimée.

J'ai vu en effet (si la fixation du tube n'est pas parfaite, ou s'il est touché par les mains mouillées d'un aide), du liquide couler sur la face externe du tuyau et arriver jusque dans l'abdomen en entraînant les poussières déposées à sa surface.

Pour faciliter la pénétration de l'eau dans le fond de la cavité péritonéale, on emploie parfois un spéculum de verre ou de grands écarteurs; les meilleurs instruments ne vaudront jamais les mains d'un aide soigneux et adroit. Un mouvement heureux de sa part refoule une anse intestinale qui s'interpose, ou met au jour quelque arrière-cavité qui aurait échappé, sans cet habile doigté, à l'action bienfaisante de la douche.

La quantité injectée peut être considérée comme suffisante lorsque l'eau ressort limpide; il n'est pas rare que 10 à 15 litres soient nécessaires pour arriver à ce résultat.

Le docteur Bouilly, qui a été le promoteur de ce mode de faire, a décrit son manuel opératoire au Congrès de Chirurgie de 1889.

En pratiquant le drainage largement, et pendant le temps strictement suffisant, j'estime qu'on fera une chirurgie prudente et sûre. Et pour exprimer toute ma pensée, j'ajouterai que dans le doute il faut toujours drainer.

Comme chacun a pu le remarquer, il arrive assez facilement que quelque caillot obstrue les drains. Pour rendre la chose impossible, j'ai fait établir un drain composé de quatre ailettes réunies à angle droit; les quatre angles formés par cet adossement forment quatre rainures à ciel ouvert, le long desquelles les liquides s'écoulent aisément. En donnant à ce drain une forme légèrement spiroïdale, on facilite son introduction et sa sortie.

Il est toujours facile à nettoyer et à stériliser.

XVI

RÉUNION DES PLAIES

Toute plaie aseptique dont l'hémostase est assurée doit être immédiatement réunie.

Cette réunion la protège contre l'infection et permet aux formes primitives de se reconstituer dans les meilleures conditions possibles.

Les moyens d'obtenir cette réunion sont trop nombreux pour que nous songions à les passer tous en revue.

Il sera suffisant d'énoncer quelques principes généraux bons à respecter dans la grande majorité des cas, et de dire quelques mots du moyen d'union le plus usité : *La suture.*

Pour qu'une plaie se réunisse aisément, il est préférable que ses bords soient nets et qu'il n'y reste aucune trace de tissu pathologique, ni aucune parcelle détachée, telle que fragments d'os, muscles, graisse, caillots sanguins.

Ces derniers, à propos desquels on a fait quelques réserves, et qu'on croit devoir conserver dans certains cas spéciaux, doivent être soigneusement enlevés la plupart du temps; ils ne peuvent que nuire au bon affrontement des plaies.

Une autre règle qui a surtout été posée par les laparotomistes, est celle qui consiste à réunir autant que possible des tissus similaires : Péritoine à péritoine, muscle à muscle, etc...

Il est clair que les tissus, outre qu'ils ont plus de chance, dans ces conditions, de reprendre la place qu'ils occupaient, auront une tendance toute physiologique à s'unir entre eux plutôt qu'avec des tissus d'essence différente.

C'est pour cette raison que, dans les laparotomies, je suture isolément toutes les couches qui constituent la paroi abdominale.

Je sais bien que tout le monde ne partage pas cette manière de voir, et qu'on peut réussir en se contentant d'une suture moins exacte; mais je suis persuadé que, dans les cas difficiles, et ce sont ceux qui permettent d'apprécier le mieux une méthode, ce n'est point perdre son temps que de suturer plan par plan.

Quoi qu'on ait dit, j'estime qu'une pareille suture est préférable à la suture en masse.

Le péritoine finement affronté à lui-même aura bien plus de chance de se souder solidement que s'il s'interpose entre les lèvres d'une plaie musculaire en ne bénéficiant que d'une suture faite au profit de la paroi tout entière. Le même raisonnement est juste pour les couches sus-jacentes.

Rien n'empêche d'ailleurs d'ajouter aux sutures qui ont amené au contact péritoine, muscles, aponévroses et peau (sutures de détail pour ainsi dire), de larges sutures intéressant la paroi abdominale dans son ensemble.

Ces sutures de soutien ont parfois leur raison d'être, et je les emploie volontiers.

L'exactitude de la réunion est encore indispensable

dans les autoplasties, qu'elles soient destinées à corriger une déformation accidentelle ou congénitale, ou qu'elles remédient à quelque vice fonctionnel.

Dans l'opération du goître, lorsque l'énucléation est terminée, j'adosse les bords de la capsule à eux-mêmes, les muscles profonds aux muscles profonds et ainsi de suite jusqu'à la peau.

C'est, sans contredit, la meilleure manière de rendre au cou sa forme normale et de la lui conserver.

Sans doute une franche réunion n'est pas toujours obtenue par les mêmes moyens. Lorsque, par exemple, les tissus ont une tendance bien nette à l'affrontement, toutes les méthodes sont bonnes ; mais, dès qu'il manque de l'étoffe, ou qu'elle se trouve inégalement répartie, il faut choisir un procédé approprié.

Quel que soit le fil choisi, son asepsie doit préoccuper tout spécialement le chirurgien.

Aussi les moyens proposés sont-ils légion.

Ceux empruntés à l'asepsie, quoique incontestablement les plus sûrs, ne peuvent malheureusement pas s'appliquer dans tous les cas.

Des fils à suture mis en usage, ce sont ceux d'argent, de catgut, de crin de Florence et de soie, qui ont le mieux résisté jusqu'ici à la censure chirurgicale. Voyons quels sont les moyens de désinfection qui leur conviennent.

Le fil d'argent supporte tout.

Le catgut ne peut, nous le savons, affronter ni l'autoclave, ni l'ébullition ; en revanche il se conserve dans diverses solutions antiseptiques et se désinfecte à merveille, moyennant quelques précautions, dans l'étuve sèche.

Le crin de Florence est dur, lisse, sans fissures, en sorte que son séjour dans la solution de sublimé à 1 0/0 est parfaitement suffisant. Quant à la désinfection de la soie, on peut presque la garantir aujourd'hui; soit qu'on la réalise au moyen d'un bain prolongé dans une solution de sublimé à 2 0/00, soit qu'on fasse bouillir le fil dans de l'eau phéniquée à 5 0/0.

C'est ce dernier procédé que j'emploie à ma clinique, je le considère comme simple et efficace.

La désinfection des fils à suture étant actuellement chose certaine, et pouvant être obtenue, comme on vient de le voir, disons quelques mots du choix qu'on doit faire de ces divers fils, en nous basant pour cela sur leurs propriétés individuelles.

Le crin de Florence a un défaut : il est raide et ne se résorbe pas; aussi, disons-le d'emblée, ne vaut-il rien pour les sutures perdues, non plus que pour les ligatures; mais je m'empresse de reconnaître toute sa valeur lorsqu'il s'agit de sutures superficielles.

M. Championnière, pour lui donner la souplesse qui lui manque, préconise le liquide suivant :

Acide phénique cristallisé....	50	grammes.
Glycérine....................	50	—
Eau bouillie..................	1,000	—

Placé dans cette solution, le fil devient parfaitement souple en quelques jours; il ne peut cependant pas s'y conserver indéfiniment, à la longue il deviendrait cassant.

Le nœud fait avec le crin de Florence glissant facilement, il est prudent d'avoir recours au nœud dit du chirurgien. De la sorte, on a une sûreté parfaite, et, si on a soin de serrer graduellement, on arrive juste à la constriction voulue, sans que celle-ci se relâche pendant qu'on fait le second nœud. Outre cet avantage, qui est surtout appréciable dans les opérations plastiques, le crin de Florence laisse peu de traces de son passage; il n'irrite pas les tissus, et, grâce à son poli, glisse facilement dans le canal des sutures lorsqu'il s'agit de le supprimer.

Il faut avoir soin de se servir seulement de la partie moyenne de chaque fil, c'est-à-dire d'en retrancher les deux extrémités, rugueuses, tortillées, qui ne sauraient convenir.

La partie utilisable est largement suffisante pour faire des sutures comprenant une forte épaisseur de tissus.

Depuis quelques années, la valeur du crin de Florence s'affirme chaque jour.

On n'en peut dire autant du fil d'argent, dont l'étoile pâlit à vue d'œil.

Je n'ai d'ailleurs jamais compris l'engouement dont il a été l'objet.

Raide, difficile à nouer, fragile, il se casse le plus souvent au moment critique, c'est-à-dire lorsque la suture allait être suffisamment serrée, et qu'on croyait en avoir fini avec elle.

Il n'a jamais eu pour lui que le mérite d'une propreté facile et sûre.

Grand mérite autrefois sans doute; mais, maintenant que nous savons désinfecter ses concurrents, nous pouvons sans regret le rendre à l'orfèvre!

Tel est, du moins, mon avis.

Je lui dois, d'ailleurs, très peu, ne lui ayant jamais beaucoup demandé.

Mon ami Championnière plaide encore pour lui

les circonstances atténuantes au sujet de sutures osseuses.

« Il faut convenir que les autres moyens d'union donnent d'assez piètres résultats dans ce domaine pour qu'on puisse volontiers souscrire aux arguments d'un défenseur aussi expert.

Les exemples qu'il donne à l'appui de sa thèse sont fort intéressants, et je ne saurais mieux faire que de les rappeler ici.

« Pour la suture des os, le fil d'argent reste un agent incomparable, à la condition que l'on profite hardiment de toutes ses propriétés.

« Le gros fil est toujours préférable au fil fin.

« Je suis, depuis des années, des malades opérés dans de mauvaises conditions, chez lesquels des fils placés comme des charnières entre des fragments de rotule distants, n'ont aucune tendance à les couper.

« Avec un peu d'habileté, on cache dans le périoste, entre les os, le nœud écrasé du fil d'argent et on le dissimule si bien qu'il n'apporte aucune gêne.

« Le fil métallique, qui ne s'imprègne pas, n'a besoin d'aucune préparation. Toutefois, je lui fais subir la même immersion dans l'eau phéniquée que je fais subir à tous mes instruments. »

Championnière ajoute que, pour que les fils d'argent soient bien supportés, « il faut une plaie absolument sans suppuration, parfaitement aseptique immédiatement et secondairement. Une fistule compromettrait singulièrement la permanence du fil.

« Au point de vue antiseptique, dit-il encore, j'appellerai l'attention sur un fait qui intéressera ceux qui font leur chirurgie au sublimé. Surtout si le fil n'est pas très gros, il faut bien se garder de laver la plaie au sublimé. On expose le fil à casser.

« Ce fait m'est arrivé avec un fil, de médiocre volume, du reste. »

La soie réunit force et souplesse, le nœud en est très solide.

Il est facile de numéroter sûrement les diverses grosseurs de ce fil, ce qui n'est pas possible au même degré pour le catgut ou le crin de Florence.

Je me suis servi jusqu'ici presque exclusivement de la soie pour les sutures de la peau, souvent aussi pour celles des muqueuses. Je reconnais néanmoins que le crin de Florence peut, dans de nombreux cas, lui faire une sérieuse concurrence.

Nous avons vu que son rôle est beaucoup plus restreint lorsqu'il s'agit de ligatures artérielles. Le catgut, dont nous connaissons les mérites quand il s'agit de le perdre dans la profondeur des tissus, joue un rôle assez effacé lorsqu'il est question de sutures à l'air libre.

A peine trouve-t-il un modeste rôle à jouer dans quelques opérations spéciales, celle du phimosis par exemple. Là, il rend service, vu que l'enlèvement des sutures est un complément de l'opération qui est presque supprimé grâce à lui. En effet, si on a eu soin de laisser les fils de catgut un peu longs, il est facile, au bout de quelques jours, de les enlever.

Il suffit pour cela de placer sur eux, pendant quelques minutes, un tampon imbibé de solution boriquée tiède.

Le catgut, se gonflant alors sous l'influence de cette humidité, se relâche et se dénoue pour ainsi dire de lui-même.

C'est peu de chose, si l'on veut, mais le client apprécie plus encore que le chirurgien ce procédé de douceur.

Pour les sutures de la muqueuse labiale, on retrouve encore le même bénéfice. Dans certaines opérations gynécologiques, colporraphie, amputation du col, etc., on peut profiter de cet avantage, intercaler de temps à autre un point de catgut entre ceux faits à la soie ou au crin de Florence.

D'un usage restreint pour les sutures en surface, le catgut ne saurait, en revanche, trouver de remplaçant lorsqu'il s'agit de sutures profondes, dites perdues. C'est là que se montre sa qualité maîtresse, qu'il ne partage avec aucun autre : celle de se résorber.

Nous avons pu apprécier en détail, à propos de la ligature, tout ce que cette propriété a d'admirable. Mais essayons de dire encore tous les avantages qu'on en retire au point de vue de la suture.

Interposé dans un faisceau de tissu divisé, que ce soit muscle ou tendon, os ou nerf, le catgut est comme une fibre nouvelle et forte.

Tel le vieux soldat recruteur qui enrôle de jeunes conscrits, il ramène dans le bon chemin les éléments dissociés, et facilite par sa bonne tenue le retour à la discipline.

Tissu animal, purifié à l'étuve ou autrement, il ressuscite pour ainsi dire au contact de la matière vivante : et, sous forme de tissu conjonctif, ne fait bientôt plus qu'un avec elle. Non seulement il rapproche, mais il reconstitue.

Ce n'est pas sans un vif étonnement qu'on apprit comment cette propriété pouvait être utilisée pour la réparation des tendons et des nerfs:

Des fils de catgut, tendus comme un pont entre les extrémités d'un nerf divisé, en guident la restauration.

La transmission nerveuse à travers les nouveaux éléments se rétablit à tel point qu'il devient bientôt impossible de discerner le normal de l'artificiel.

Nous n'avons parlé jusqu'ici que de la réunion des plaies fraîches; mais il est important d'ajouter que la suture a été tentée et réussie, non seulement quelques heures après la division des tissus, mais encore beaucoup plus tard. En pareille circonstance, l'asepsie la plus rigoureuse est absolument nécessaire, cela va sans dire; il faut même, dans le second cas, enlever à la curette toutes les granulations qui tapissent les surfaces et rajeunir celles-ci au point d'en faire une plaie fraîche, ou peu s'en faut.

C'est ainsi qu'il est possible de restaurer un périnée dont la déchirure remonte à quelques jours déjà; cas qui se présente assez souvent dans la pratique, grâce à l'incurie de sages-femmes, voire même de collègues, trop confiants en la bonne nature.

XVII

LA CHALEUR EN CHIRURGIE

Flamme. — Cautère. — Thermo-cautère. — Galvano-cautère. — Vapeur fluente. — Vapeur sous pression. — Autoclave. — Chaleur sèche. — Étuves.

La chaleur est actuellement le moyen physique auquel la chirurgie s'adresse le plus volontiers pour obtenir l'asepsie absolue.

Elle a d'ailleurs en ceci la sanction des bactériologistes; précieuse sanction, puisque ce sont ces savants auxiliaires qui nous disent où s'éteint la vie, par quels moyens, et en combien de temps; bref, qui fixent sûrement nos idées dans la lutte contre les infiniment petits.

Les bactériologistes ne se fient qu'aux températures élevées pour la stérilisation de leurs appareils, et ne s'embarqueraient plus dans leurs délicates expériences s'ils n'avaient à leur disposition que l'antisepsie chimique.

Nous ne pouvions mieux faire que de les imiter.

Le feu purifie tout, ont dit les anciens; cette vieille maxime, toujours vraie, ne pouvait manquer de reparaître à notre époque avide de tout assainir.

Mais le feu purifie en détruisant, il ne peut donc être utilisé que pour des objets qu'on a quelque intérêt à supprimer; tels que vêtements, pièces de pansements souillés, détritus de tous genres provenant des malades.

En ce qui concerne l'être humain, on ne peut se servir du feu que dans des conditions assez spéciales.

On l'a encore préconisé pour réduire à néant certains produits morbides; pour dessécher, par exemple, à la suite d'une résection, des surfaces atteintes de tuberculose articulaire. Alors que le bistouri et les ciseaux ont fait disparaître tout ce qui était à leur portée, il se peut qu'il subsiste encore, dans les anfractuosités du foyer, des produits tuberculeux qu'il n'est pas sans intérêt d'atteindre et de détruire.

Le docteur Félizet recommandait dernièrement encore de promener rapidement la flamme d'un chalumeau sur les parties qu'on veut modifier.

Nélaton avait déjà proposé de détruire certaines tumeurs malignes au moyen du cautère à gaz; cette pratique est tombée dans l'oubli.

En revanche, la chaleur, sous forme de flamme, nous rend souvent service, lorsque nous voulons aseptiser sur-le-champ aiguilles, pinces ou bistouris; c'est un moyen rapide et sûr, mais le métal s'altère bientôt lorsqu'on le soumet trop longtemps ou trop souvent à un flambage assez intense pour être efficace.

On peut procéder de deux façons, soit en passant l'instrument sur la flamme d'une lampe à alcool, soit en le trempant dans l'alcool auquel on met le feu.

Le docteur Redard a montré qu'il fallait, pour que la désinfection fût radicale, prolonger le contact pendant trois à quatre minutes.

La chaleur transmise par des cautères métalliques jouit jadis d'une grande faveur. Il suffit de jeter un coup d'œil dans les vieux arsenaux de chirurgie pour se rendre compte de la place que tenaient les cautères dans la pratique de nos devanciers.

De toutes formes et de tout volume, nous les trouvons rangés en interminables séries. Mais la mode change, même en chirurgie, et le thermo-cautère leur a fait une concurrence ruineuse.

Le Paquelin lors de son apparition eut un immense et légitime succès.

Il est vraiment fort commode de pouvoir à volonté rallumer ou éteindre le morceau de platine auquel on donne les formes les plus variées; fort agréable d'entretenir indéfiniment cette source de chaleur à la température voulue; aussi le nouvel instrument n'eut-il pas de peine à se faire accepter.

L'enthousiasme fut tel qu'une opération se terminait rarement sans qu'une déplorable odeur de grillade ne vînt parfumer l'atmosphère; aussi pendant longtemps ne parla-t-on plus, ni de galvano-cautère, ni surtout de cautère actuel; ces serviteurs furent mis à la retraite et disparurent, bien à tort selon nous, de la pratique.

Et cependant quelle différence n'existe-t-il pas entre le pouvoir rayonnant du thermo-cautère et celui du classique fer rouge!

Les vétérinaires ont, en un terme parfait, exprimé la chose.

Lorsqu'ils appliquent des raies de feu sur les jointures, ils appellent cela *chauffer une articulation :* le mot est juste, rien n'est plus simple que de s'en assurer.

Si après avoir introduit le doigt dans le genou d'un cadavre, on promène alternativement sur la peau de la région un thermo-cautère et un fer rouge, de même dimension, on s'aperçoit bientôt de la différence considérable de leur pouvoir rayonnant. Le doigt est douloureusement impressionné par le passage du cautère actuel, tandis qu'il perçoit à peine celui du Paquelin. Il faut donc reconnaître que ces instruments ont des vertus assez différentes pour qu'ils méritent d'être tous deux conservés.

Aucun ne saurait être exclu au profit de l'autre. Gardons précieusement le cautère, vieux modèle, pour les cas où il s'agit de pénétrer profondément les tissus, et réservons à son concurrent les interventions plus fines, moins intenses.

La puissance aseptique de ces moyens est absolue, aussi s'en sert-on volontiers lorsqu'on est appelé à détruire des portions d'organes qui échappent au bistouri, ou sont plus sûrement modifiées par la cautérisation.

Il est commode par exemple de passer le thermocautère dans la cavité cervicale d'un moignon utérin à la suite de l'hystérotomie abdominale incomplète; il est simple et rapide, pendant une laparotomie, de détacher certaines adhérences par ce moyen, au lieu de les traiter par la ligature.

On ne produit ainsi qu'une escarre insignifiante, parfaitement aseptique, et dont la présence dans la cavité péritonéale n'offre pas le moindre danger. Les parcelles de tissu carbonisé qui ne seront pas résorbées ne tarderont pas à s'enkyster.

La cautérisation directe trouve aussi son emploi comme moyen hémostatique : Ambroise Paré nous l'a montré.

L'asepsie hémostatique par le fer rouge est souvent une suprême ressource.

Avant les inoculations antirabiques de Pasteur, c'est le cautère actuel qui donnait le plus de sécurité dans le traitement des morsures. C'est encore à lui qu'on a parfois recours en cas de pustule maligne, ou d'anthrax.

Pour peu qu'on sache le manier et en régler la température, on a entre les mains un des plus précieux moyens d'action de la chirurgie, le meilleur agent d'asepsie.

La galvano-caustique, malgré tous les perfectionnements donnés aux appareils, ne conserve qu'un rang secondaire dans la pratique. Elle nécessite un outillage coûteux, se détraquant facilement, capricieux et infidèle. On ne saurait méconnaître cependant que le fil de platine, chauffé au moment exact de sa mise en contact avec les tissus, n'offre de précieux avantages; aussi voyons-nous le galvano-cautère souvent employé pour les cautérisations portant sur les cavités nasales et laryngées, etc...

Les hautes températures auxquelles on peut porter l'anse permettent de sectionner des épaisseurs considérables de tissus, mais pour que cette division soit en même temps hémostatique, il ne faut pas oublier la recommandation de E. Bœckel, de raccourcir l'anse à mesure qu'elle pénètre, de façon à ne couper que des tissus fortement comprimés.

Après avoir vu quel parti la chirurgie a su tirer de l'emploi direct de la chaleur, soit sous forme de flamme, soit en la communiquant de diverses manières à des corps solides destinés eux-mêmes à la transmettre aux tissus vivants, nous aborderons l'étude si intéressante, si actuelle, de la chaleur communiquée à l'air et à l'eau dans le but de stériliser nombre d'objets dont la chirurgie a sans cesse besoin.

Needham, avons-nous dit, à propos de la querelle fameuse des générations spontanées, fut le premier qui eut l'idée ferme de *stériliser un milieu de culture par la chaleur*. Spallanzani, dans les expériences contradictoires que nous savons, montra que des infusoires meurent infailliblement lorsqu'on les place dans de l'eau chauffée à 45° tandis qu'ils résistent à une température sèche de 80°. C'est là le premier exemple de la différence d'action exercée sur les êtres vivants par la chaleur humide et la chaleur sèche; c'est sur cette différence que sont basées toutes les théories et méthodes de stérilisation actuellement en vigueur, aussi conservons-nous cette division dans l'étude que nous allons faire du sujet.

Stérilisation par l'air sec.

Maintenus pendant une heure et demie dans l'air sec chauffé à 100°, les micrococcus et les bactéries *qui ne sporulent pas* sont tués, tandis qu'il faut 110° et 115° pour détruire des spores de champignons, et que plus de *deux heures* à 130° et 150° sont nécessaires pour réduire à néant les spores du charbon, du bacille du foin ou de la terre de jardin.

Cette durée devient bien plus considérable lorsque, au lieu d'opérer sur des microbes directement exposés à la chaleur, on les renferme dans des objets, même poreux, mais enroulés en couches épaisses autour d'eux.

Des expériences conduites dans ce sens ont prouvé que des spores du charbon et de la terre de jardin, enfermées dans des couvertures, résistent à trois heures d'étuve sèche chauffée à 140°.

M. Vallin, exposant une couverture de laine enroulée à 118° pendant 5 heures, la trouve roussie à la surface, tandis que le thermomètre placé à l'intérieur ne monte qu'à 78°.

Ces simples indications suffisent à prouver combien la chaleur sèche doit être longtemps maintenue à un degré élevé pour donner de sérieuses garanties, par conséquent combien son emploi est défectueux et incommode.

C'est cependant à ce moyen qu'on a recours encore dans certains cas spéciaux, aussi possède-t-on quelques modèles d'étuves sèches destinés à l'usage chirurgical; ces modèles ont entre eux de si grandes analogies qu'il serait superflu d'entrer dans les détails de leur construction. Bornons-nous à dire qu'ils sont en général composés d'une double paroi, ordinairement métallique, et que la température de l'air qu'ils renferment est élevée soit au moyen de becs de Bunsen, de lampes à alcool ou à pétrole, soit encore par un système de tuyaux dans lesquels circule de la vapeur sous pression, tuyaux qui sont disposés le long des parois de l'étuve, mais ne déversent nulle part de vapeur à l'intérieur. Ils ne sont là, en un mot, que comme moyen de chauffage.

Le poêle de Chamberlan est journellement employé en bactériologie; tandis que les étuves de Poupinel et de Wiesnegg sont plus spécialement utilisées pour la stérilisation des instruments de chirurgie.

Ces étuves ne peuvent servir à la préparation des objets de pansement, parce que la forte chaleur nécessaire à la désinfection les détériore.

En revanche, comme je l'ai dit ailleurs, c'est dans l'étuve de Wiesnegg que je prépare le catgut.

Voici donc un point bien établi, c'est qu'il faut des heures de séjour à une température fort élevée pour obtenir à l'étuve sèche des résultats même incertains.

Stérilisation par la chaleur humide.

S'adressant alors à la *chaleur humide,* les expérimentateurs étudièrent successivement les diverses manières de l'utiliser. Des discussions intéressantes, des débats contradictoires surgirent sans doute ; mais, outre l'intérêt théorique qu'ils présentèrent, ils eurent pour conséquence pratique l'adoption de la méthode de stérilisation, la meilleure, la plus rapide et la plus sûre : *celle par la vapeur sous pression.*

Malgré la faveur dont jouissait déjà dans les laboratoires de Pasteur et de Noegeli l'emploi de la vapeur sous pression, produite par la marmite de Papin ou par tel autoclave construit sur les mêmes principes, Koch de Berlin mit en avant un appareil connu sous le nom de *poêle de Koch.*

Grâce à l'autorité du maître, cet appareil obtint bientôt un grand crédit.

Il est intéressant de suivre le débat et les expériences qu'il suscita.

Koch, Löffler et Gaffky soutinrent que la vapeur fluente à la pression atmosphérique était un moyen de désinfection plus puissant que celui obtenu par la vapeur sous pression.

L'appareil dont ils se servirent était un simple cylindre de fer-blanc entouré de feutre au fond du cylindre se trouvait de l'eau que portait à l'ébullition une rangée de becs de Bunsen. Dès que la vapeur commençait à se produire, elle remplissait le cylindre dont elle sortait aisément grâce à un orifice suffisamment étroit pour ne pas permettre la rentrée de l'air.

En un mot cet appareil n'est autre, aux dimensions près, que celui qu'emploient les physiciens pour obtenir la détermination du point 100 dans les thermomètres.

La température de la vapeur qui remplit le cylindre atteint rapidement 100°.

Les expériences de stérilisation faites dans ces conditions produisirent les résultats suivants.

Des spores de charbon placées sur un fil suspendu au centre du poêle, furent tuées en quatre minutes, et les trois litres d'eau froide atteignirent la température de 100° au bout de trente minutes.

Les mêmes expérimentateurs, dans le but d'établir que la stérilisation par la *vapeur fluente* est supérieure à celle par la *vapeur sous pression*, firent connaître les résultats qu'ils obtenaient avec cette dernière.

Ayant placé des ballons remplis de un à deux litres d'eau froide dans un autoclave chauffé à 120°, ils n'obtinrent qu'une température de 80° après une demi-heure d'expérience.

Des spores du charbon exposées pendant une heure à 110° dans l'autoclave périrent; tandis que celles de la terre de jardin résistèrent.

Les savants allemands se prononcèrent donc en faveur de la stérilisation par la vapeur fluente, et le poêle de Koch reprit tout son prestige.

Mais la vérité devait triompher à la fin ; et le Dr Fitz, contrôlant ces expériences, arriva à conclure que *la chaleur développée dans un autoclave se transmet beaucoup plus vite* aux objets qui y sont renfermés que ne l'annonçait Koch. Heindenreich trancha définitivement la question en faveur de la vapeur sous pression, en démontrant que le défaut des expériences de Koch résidait uniquement dans le mauvais usage qu'il faisait de l'autoclave.

Lorsqu'on veut, en effet, tirer d'un appareil tel que la marmite de Papin, tout le profit possible, il faut commencer par chasser absolument tout l'air qu'il renferme.

Vapeur sous pression.

Cela dit, la description d'une étude basée sur les principes de la marmite de Papin, et l'énoncé de la manière d'en régler l'emploi, trouvent ici leur place toute désignée. Nous choisirons comme type l'autoclave de Chamberlan parce que c'est celui que préfèrent généralement les chirurgiens.

Il se compose : d'un cylindre de cuivre fermé en bas par une paroi épaisse et muni d'un couvercle permettant une occlusion hermétique.

Un panier en toile métallique destiné à recevoir les objets à désinfecter, un manomètre, un robinet de purge et une soupape de sûreté complètent l'appareil.

Lorsqu'on veut s'en servir, on verse au fond du cylindre une quantité d'eau dont la hauteur reste inférieure de quelques centimètres au fond du panier métallique.

On y dispose les instruments, linges, pièces à pansement, etc..., puis on ferme exactement le couvercle au moyen de forts boulons répartis sur tout son pourtour.

On allume les becs de gaz situés sous l'autoclave, et on a soin de laisser le robinet de purge ouvert, afin que la vapeur, au fur et à mesure de sa production, chasse tout l'air contenu dans l'appareil, ce dont on est averti lorsqu'un jet de vapeur s'en échappe.

On ferme alors le purgeur afin de faire monter la pression.

Lorsque le manomètre marque 120, soit une atmosphère, on ouvre violemment le purgeur pour détendre la vapeur et chasser l'air qui est encore resté emprisonné dans les tissus à stériliser.

Cette manœuvre doit être répétée deux ou trois fois, lorsqu'il s'agit de désinfecter des étoffes, des masses serrées de pansements.

C'est faute d'avoir compris toute l'importance de cette manœuvre que Koch et Loëffler obtinrent avec l'autoclave des résultats inférieurs à ceux que leur donnait la vapeur fluente, alors que le contraire aurait dû arriver.

Voyons donc ce que peut donner la vapeur sous pression lorsque l'opération est bien conduite.

Un exemple suffira, il nous est fourni par les expériences faites sur un bacille doué d'une résistance inouïe : *le bacille rouge de la pomme de terre.*

A l'état sporulé, cet organisme résiste à un séjour de quatre heures dans l'eau bouillante et de six dans la vapeur fluente, tandis que, placé dans l'autoclave, chauffé à 125°, il est tué en trois minutes!

Cette puissance de désinfection obtenue avec les appareils à vapeur sous pression a permis à M. Hueppe de s'exprimer à leur sujet comme suit :

« L'appareil de M. Koch donnant de la vapeur à 100°

en mouvement n'est pas le meilleur appareil de désinfection; il est simplement le meilleur appareil pour l'emploi de la chaleur ne dépassant pas 100°.

« La marmite de Papin, qui fournit de la vapeur sous pression, est le meilleur appareil de stérilisation pour toutes les substances qui supportent plus de 100°.

« On peut dès maintenant considérer la marmite de Papin comme l'appareil de stérilisation de l'avenir, et qui est destiné à bref délai à prendre dans les laboratoires la place qu'occupe encore, en Allemagne, le poêle à vapeur fluente de Koch. »

Le professeur Straus, auquel on doit de nombreux travaux sur cet important sujet, formule ses conclusions en disant :

« La vapeur d'eau sous pression à 110° ou 115°, agissant pendant quinze à vingt minutes, détruit tout ce qui a vie.

« Au bout de ce temps *toutes* les bactéries et toutes les *spores* connues sont détruites, même les spores si résistantes du bacille du foin, de la terre et de la pomme de terre, qu'un séjour de *deux heures* dans la vapeur courante à 100° ne tue pas. »

Air chaud et vapeur mélangés.

Ce que nous venons de dire sur la manière d'employer les autoclaves, nous dispense de nous étendre sur une proposition qui avait été faite de mélanger l'air chaud et la vapeur d'eau, pour obtenir la désinfection.

Nous avons suffisamment insisté sur l'effet de ce mélange, et bien établi que, lorsqu'il reste de l'air dans l'autoclave, le pouvoir stérilisant s'abaisse immédiatement.

L'air est en effet un mauvais conducteur de la chaleur, et sa présence empêche la vapeur de communiquer facilement sa chaleur aux objets voisins.

Aussi était-ce une illusion de croire qu'on allait augmenter le pouvoir désinfectant de l'air sec et chaud en projetant dans une étuve de la vapeur à 100°.

En arrivant dans de l'air porté à une haute température, cette vapeur se surcharge, ce qui lui fait perdre son eau de saturation.

Elle devient donc presque immédiatement un véritable gaz comme l'air sec lui-même, c'est-à-dire un gaz avide d'humidité; d'où il ressort à l'évidence que cette humidité sur laquelle on comptait pour accroître le pouvoir stérilisateur de l'air chaud n'existe pas en réalité.

Les étuves construites d'après ce principe étaient surtout destinées à la désinfection des objets de literie, meubles, etc...; on y a complètement renoncé.

Vapeur surchauffée.

Cherchant toujours le moyen de retirer de la vapeur le plus d'avantages possible, on a eu l'idée de la surchauffer; pour cela, on la conduisait, au sortir de la chaudière, dans un fort tuyau métallique, au-dessous duquel brûlait une rangée de becs de gaz. Or, l'effet produit fut précisément l'inverse de celui qu'on attendait.

La vapeur surchauffée a un pouvoir stérilisant moindre que la vapeur sous pression, et cela se comprend, car ce surchauffage a tout simplement pour effet de ramener la vapeur à l'état de vapeur sèche, très comparable à un gaz fixe, à l'air sec.

Ça n'est que vers les températures de 140° à 150°

que son pouvoir stérilisant est quelque peu marqué.

Ainsi donc, de tous les essais qui ont été faits, il faut conclure que les appareils qui utilisent la vapeur sous pression sont de beaucoup les meilleurs, et qu'en chirurgie notamment, c'est à eux qu'il convient de donner la préférence.

La plupart des chirurgiens, quoique n'ayant pas à lutter journellement, comme les bactériologistes, contre les bacilles du foin, ni même contre le bacille rouge de la pomme de terre, n'en arrivent pas moins à se servir des étuves qui leur donnent le plus de garanties contre toute infection éventuelle.

Qui peut le plus, peut le moins ! et quoique la plupart des germes pathogènes, rencontrés au travers de la pratique courante, ne résistent pas longtemps à une chaleur humide n'atteignant même pas 100°, il est toujours prudent de dépasser si on le peut cette limite.

Pour ma part, je considère l'autoclave de Chamberlan comme un excellent appareil ; et avant chaque opération, j'y fais placer, non seulement les instruments, mais aussi les draps, les linges, la chemise, les gants et guêtres de toile du malade ; ainsi que les blouses des aides et toutes les pièces de pansement.

Chaque *cuite* dure environ une demi-heure, en sorte que rien n'est plus facile, pour l'infirmier prévenu une ou deux heures à l'avance, de tout tenir prêt et strictement stérilisé pour l'arrivée du chirurgien.

On a reproché à l'autoclave de mouiller les tissus, et on a construit, pour parer à cet inconvénient, (Quenu) des étuves permettant de dessécher rapidement les objets après la stérilisation (étuve Sorel).

C'est là sans doute un perfectionnement, mais les objets sortant chauds et humides de l'autoclave, se sèchent si vite dès qu'ils ne sont plus serrés les uns contre les autres, que cette amélioration me semble presque superflue, au moins en chirurgie. Elle trouve plutôt sa raison d'être, lorsqu'on manœuvre de grandes étuves, comme celles de Geneste et Herscher, dans lesquelles on désinfecte des objets volumineux; tels que meubles, matelas, couvertures...

Une recommandation importante à noter, dans ces cas, c'est de ne mettre à l'étuve que des étoffes peu serrées, de façon que l'air puisse en être aisément chassé, et que la chaleur se répartisse également partout.

Le Dr Redard de Paris a publié les résultats de nombreuses expériences relatives à la stérilisation des instruments, et considère aussi l'autoclave comme l'appareil le plus propre à assurer la stérilisation en chirurgie. Son étuve, construite par Wiesnegg, est fort bien comprise.

Quelque bien qu'on puisse penser des autoclaves, un reproche doit cependant leur être adressé, en ce qui concerne leur action sur les instruments.

Il est incontestable que l'acier, s'il n'est pas recouvert d'une forte couche de nickel, perd son brillant; des taches de rouille se montrent à la surface, ce qui hâte sans contredit son usure. Les pinces sont peut-être les instruments qui résistent le moins.

Il ne faut point cependant s'exagérer la rapidité de cette altération, et en tout cas il faut s'en consoler en songeant à l'absolue sécurité obtenue.

Pour les bistouris, je crois inutile de les soumettre à cette brûlante épreuve, qui émousse incontestablement leur tranchant, car il est facile, lorsqu'ils ont été passés à la lessive de soude, de les aseptiser en les frottant avec une compresse imbibée d'alcool, d'éther ou de chloroforme au moment de s'en servir.

Un bistouri entièrement métallique, dégraissé de cette façon, peut être considéré comme propre.

XVIII

PANSEMENTS

Origines. — Pansement ouvert. — Incubation. — Air raréfié. — Pansement ouaté. — Pansements humides. — Pansement de Lister et ses modifications. — Quelques antiseptiques. — Pansement aseptique. — Pansement sale.

Je ne sais quelle a pu être l'idée qui a présidé au premier pansement. L'homme primitif avait-il pour but de soustraire ses plaies à l'action de l'air... c'est peu vraisemblable.

Sa sensibilité morale était-elle assez délicate pour le pousser à cacher à ses yeux l'horreur d'un délabrement, c'est chose possible; on voit des animaux manifester une certaine aversion à la vue d'une blessure. Ou bien cherchait-il tout simplement à protéger les parties blessées contre les atteintes des insectes, les variations de la température ou les corps étrangers qui risquent de les envenimer ?

L'idée d'arrêter le sang et de calmer la douleur a dû être bientôt aussi sa préoccupation dominante.

C'est ainsi que la chaleur ou le froid, la compression, une position favorable, sont entrés tout naturellement dans la pratique; mais ce n'est que beaucoup plus tard, sans doute, que la notion du médicament a fait son apparition.

Pour n'être arrivée que longtemps après les autres, cette donnée nouvelle n'a pas tardé à prendre la place d'honneur.

La sollicitude, les efforts de tous se sont portés à la recherche de plantes aux vertus magiques, de fruits aux propriétés surprenantes, destinés à la confection de produits médicamenteux, à laquelle concouraient pèle-mêle poisons, venins, baumes et prières.

Cette période fut longue : elle dure encore!

Côtoyant par moments des données justes, et se rapprochant d'autant plus de la vérité qu'elle s'éloignait moins de la simple constatation des faits, la thérapeutique eut ses beaux et ses mauvais moments.

Dès que les théories se substituèrent à l'observation pure, dès que le mysticisme apporta son principe dissolvant dans ce domaine, l'humanité perdit le bénéfice de sa propre expérience et vit se rouiller ses armes contre le mal physique. Car il est deux choses, en matière de science, qu'on ne saurait remplacer : c'est l'accumulation des preuves basées sur l'observation des faits à travers les âges et par tous les peuples, et la poursuite de la vérité s'appuyant sur des principes passés au crible de la méthode analytique et, si possible, de la synthèse.

Les découvertes du hasard, les mannes tombées du ciel, les panacées de rencontre, font grand fracas sans doute, mais nous en savons la durée.

Une chose digne de remarque, c'est que nous retrouvons dans les anciens médicaments beaucoup des principes contenus dans ceux que nous employons aujourd'hui; je veux parler des antiseptiques. Les baumes, les alcoolats, les teintures, étaient souvent d'utiles désinfectants, dont quelques-uns sont parvenus jusqu'à nous.

Au XIVe siècle on pansait les plaies, on enveloppait les membres gangrenés, avec les mêmes substances qui servaient à l'embaumement des cadavres, laissant à la nature le soin d'établir la ligne de démarcation entre les parties saines et celles qui devaient se détacher.

L'huile chaude, le fer rouge préservèrent sans doute bien des plaies de l'infection; ces moyens si divers valaient mieux encore que ceux qu'on leur substitua au commencement de ce siècle, surtout comme pansements.

Nous envisagerons les principales données qui ont présidé à la conception des pansements modernes, tout en nous efforçant de ne pas nous perdre dans les détails.

Leur nombre est infini, car il fut un temps où chaque chirurgien voulait avoir son pansement. Grâce à des notions plus saines, les choses se sont singulièrement unifiées, et les pansements actuels répondent à des indications précises, conformes aux découvertes récentes.

La notion antiseptique a tout remis en question, tout bouleversé si l'on veut; mais, de cette révolution salutaire, il reste un certain nombre de principes fondamentaux sur lesquels s'appuie toute la technique des pansements modernes.

Pansement ouvert.

Le plus simple de tous les pansements, celui qu'on n'appelle *pansement* que parce qu'on n'a sans doute pas trouvé d'autre terme pour le caractériser, *c'est le pansement ouvert.*

Ce traitement en quelque sorte *négatif* a été, paraît-il, plusieurs fois inventé. Dans certaines circonstances, il s'est tout simplement imposé, du fait de la pénurie des pièces de pansement.

Force était bien de laisser à nu les plaies qu'on n'avait rien pour recouvrir.

Ce qui frappa forcément les chirurgiens, obligés d'abandonner ainsi opérés et blessés à leur malheureux sort, ce fut la manière simple et souvent rapide avec laquelle ils guérirent.

Les privilégiés, ou soi-disant tels, pour lesquels on avait réservé les derniers matériaux de pansement, mouraient souvent infectés, tandis que les abandonnés, les sacrifiés se tiraient d'affaire.

Il y aurait eu là, semble-t-il, de quoi faire réfléchir sur la valeur réelle des pansements; mais on redoutait si fort l'infection par l'air, qu'on n'osait pas, de gaieté de cœur, y exposer les blessés, et on resta plongé dans la routine.

Et puis qui sait? cela paraissait peut-être trop simple. Un certain nombre de chirurgiens se seraient difficilement consolés de n'avoir plus, une fois l'opération achevée, le moindre pansement à faire. Ce rôle, par trop passif, n'eût pas convenu à leur activité.

Mais remontons aux origines du pansement ouvert.

C'est à un chirurgien viennois : Vincent Kern, que revient, paraît-il, le mérite d'avoir le premier préconisé le pansement ouvert (en 1810); mais il faut attendre jusqu'en 1856 pour voir Hermann Vezin reprendre l'idée et fournir une brillante statistique. Sur vingt-huit amputés il n'en perd que trois. En 1850, Burow, de Koenigsberg, guérit cinquante-neuf amputés sur soixante-deux.

Certes, quand on songe à la mortalité moyenne de ces opérations à cette époque, on est surpris de voir que des faits aussi intéressants purent passer inaperçus. Quelques chirurgiens essayèrent cependant du pansement ouvert; citons parmi eux : Passavant, Le Fort, Billroth, mais surtout Roze, de Zurich.

A une certaine époque (1870), le pansement de Roze était, dans certains milieux, synonyme de *pansement ouvert*.

Ce qui valut cette consécration au chirurgien de Zurich, ce fut une étude consciencieuse de la méthode, étude qu'il continua durant les années 1867 à 1871, et qui fut mise en relief par le professeur Krönlein.

Les résultats qu'il établit, comparativement à ceux obtenus pendant les années précédentes par Billroth, furent décisifs.

Billroth avait perdu dans le même hôpital 34 0/0 de ses opérés (grandes amputations, extirpations du sein et fractures compliquées); Roze, pour les mêmes lésions, n'en perdit que 18 0/0.

En Russie, des expériences instituées afin de juger de la valeur de la méthode furent remarquables.

Les morts diminuèrent de la moitié dans l'hôpital où l'on fit ces essais; et cependant les chirurgiens russes ne laissèrent pas, comme Roze, les moignons ouverts, mais en tentèrent souvent la réunion. Il est clair que dans ces conditions la guérison peut être plus prompte, mais n'est pas dépourvue de périls.

En tous cas, le moignon sera l'objet d'une surveillance attentive, ce qui n'offre d'ailleurs aucune difficulté, puisqu'on l'a toujours sous les yeux; à la moindre alerte on fera sauter les sutures, cela va sans dire.

J'ai eu moi-même en 1872, à Strasbourg, l'occasion d'observer un certain nombre de cas d'amputation traités par le pansement ouvert, et les résultats, surtout comparés à ceux que nous avions vus pendant la guerre, m'ont laissé un souvenir favorable à la méthode.

Il faut néanmoins convenir que le moignon n'aura pas toujours la belle apparence qu'on est en droit d'attendre de ceux qui sortent des mains rompues aux procédés antiseptiques; mais, dans les circonstances exceptionnelles où nous pourrions être appelés à appliquer le pansement ouvert, ce serait bien plutôt la vie du blessé que la forme de son moignon qui serait notre grand souci.

Pas de pansement, plutôt qu'un pansement sale, sera encore un refuge assez sûr pour le chirurgien pris au dépourvu.

Que se passe-t-il lorsqu'un moignon d'amputé est laissé sans pansement?

Durant les premiers jours, il s'écoule encore en assez grande abondance un liquide rosé, mélange de sang, de sérosité, de graisse; à mesure que sa quantité diminue, le liquide se coagule sous l'influence de l'air, et la plaie ne donne plus que de rares gouttelettes de pus.

Tout ce qu'elle fournit se dessèche.

La croûte qui recouvre la surface cruentée est plus ou moins épaisse, et sa coloration brune du début devient de plus en plus jaunâtre.

La dessiccation est d'autant plus prompte que l'air est plus souvent renouvelé; il est par conséquent recommandé de laisser portes et fenêtres ouvertes. Faure, au siècle dernier, prescrivait les bains de soleil pour hâter la guérison de vieux ulcères, et Bouisson, de Montpellier, en 1861, conseilla de ventiler les plaies à l'aide d'un soufflet.

Quant au membre opéré, il doit n'être revêtu d'aucune couverture. On peut cependant jeter sur lui une feuille de mousseline destinée à le protéger contre les mouches. Cette moustiquaire n'empêche nullement l'air de circuler.

Le moignon repose *à faux* sur un coussin disposé de manière à ce qu'il surplombe un récipient quelconque, une assiette, dans laquelle on a eu soin de verser une solution antiseptique.

Les gouttes de pus qui filtrent sous la croûte tombent dans l'assiette et s'y désinfectent.

L'atmosphère de la chambre n'est nullement empoisonnée par de tels blessés, et la différence est grande entre les salles où ils sont traités de la sorte, et celles où la charpie et autres substances retiennent les sécrétions des plaies.

Pour confier un moignon d'amputation au pansement ouvert, il faut se rappeler qu'en pareil cas on ne recherche pas la réunion par première intention.

Les lambeaux sont donc destinés à se rétracter énormément ; aussi, en prévision de ce retrait, est-il indispensable de les tailler beaucoup plus longs que lorsqu'on procède suivant les règles modernes, c'est-à-dire lorsqu'on applique un pansement antiseptique et qu'on tente la réunion immédiate.

Sans cette précaution, il est clair qu'on obtiendrait fatalement des moignons coniques, avec tous les inconvénients que nous leur connaissons.

Quoi qu'il en soit, ces faits sont fort intéressants et

consolants, surtout lorsqu'on songe à tous les péchés dont on avait chargé l'air atmosphérique; mais la difficulté commence lorsqu'on cherche à les interpréter.

Cependant, si, comme nous l'avons admis, la vie des microbes et surtout leur force de reproduction sont favorisées par un milieu humide et chaud ; si, en outre, une très grande quantité d'oxygène bouleverse ou trouble seulement leurs conditions d'existence, quoi d'étonnant à ce qu'un courant d'air passant constamment sur une plaie, la balayant, la desséchant et l'oxygénant sans cesse, soit un excellent moyen à opposer à la genèse microbienne?

Il leur fallait chaleur et humidité, le pansement ouvert ne leur réserve que sécheresse et basse température!

On trouve des micro-organismes sur ces plaies : je n'en saurais douter, mais qu'importe en définitive?

Nous ne voulons pas à tout prix la mort du microbe, sa conversion nous suffit! et pourvu que nos malades ne souffrent ni ne meurent de son fait, qu'avons-nous de mieux à faire qu'à nous déclarer satisfaits?

Il est d'ailleurs des pansements beaucoup plus coûteux, plus compliqués, plus toxiques, sous lesquels on retrouve aussi de nombreux microbes, qui présentent tout au moins les apparences de la plus parfaite santé, et qui pourtant ont cessé de nuire.

Et si des bactériologistes, avides de tout savoir, ont réussi à faire pousser des micro-organismes dans l'iodoforme, s'ensuit-il pour cela que nous devions abandonner le précieux antiseptique? Pas davantage que le pansement ouvert.

Gardons celui-ci pour les jours de malheur, et soyons heureux de savoir tout ce qu'il vaut.

Rappelons encore les tentatives faites par Guyon en 1842.

Ce chirurgien mettait les plaies dans un appareil à incubation, dont la température était constamment maintenue entre 32 et 40 degrés; il espérait hâter la cicatrisation par ce moyen, auquel il attribuait un grand pouvoir antiphlogistique. Ni ses propres statistiques, ni celles de ses imitateurs, n'entraînèrent la conviction.

Le procédé de l'*incubation* n'eut pas longue vie.

Mais les extrêmes se touchent.

On voulait de l'air en grande quantité.... Jules Guérin propose de le supprimer autour des plaies, Maisonneuve adopte l'idée et modifie quelque peu les appareils; et voilà les moignons des amputés engainés dans des manchons de caoutchouc, reliés à des pompes aspirantes, à des récipients, à des manomètres.

On espérait arriver de la sorte à ramener les plaies exposées à l'état de plaies sous-cutanées, ou tout au moins à les mettre à l'abri du contact de l'air, car l'enveloppe de caoutchouc ne pouvait avoir la prétention de représenter absolument la peau.

Les résultats annoncés ne purent faire passer les praticiens par-dessus les énormes complications de toute cette machinerie; et si ses auteurs firent le vide dans leurs appareils, leurs confrères ne tardèrent pas à le faire autour de la méthode.

Dieu sait dans quel grenier dorment aujourd'hui manchons, pompes et récipients!

Qu'il en a passé et qu'il en passera encore sur la

scène chirurgicale de ces inventions mort-nées du fait de leurs imperfections pratiques !

Pansement ouaté.

Alphonse Guérin, dans son livre sur les pansements modernes, paru en 1889, débute par ces mots : « Quand à la fin de 1870, j'annonçai que les accidents auxquels succombent les blessés, et surtout les amputés, sont dus à l'existence de corpuscules animés dans l'atmosphère, on se demanda si les désastres de la guerre n'avaient pas troublé mon cerveau. L'idée paraissait tellement étrange qu'on ne lui eût pas accordé l'honneur de la discussion, si je n'avais obtenu des résultats inespérés, en imaginant de filtrer l'air avec de la ouate. »

Il est incontestable que les idées mises en avant par A. Guérin et son pansement ouaté furent loin d'être accueillies avec enthousiasme.

Peu à peu cependant ses succès attirèrent l'attention, et quelques chirurgiens voulurent essayer du nouveau pansement; mais comme cela arrive souvent en pareil cas, au lieu de s'en tenir servilement aux préceptes stricts du novateur, ils apportèrent bientôt quelques perfectionnements à la méthode qu'ils n'avaient pas même pris la peine de connaître à fond. C'est à cette même manière de contrôle fort peu scientifique que vint se buter à son tour la méthode de Lister.

Croire qu'on fait du Guérin parce qu'on utilise l'ouate, est tout aussi erroné que s'estimer Listérien parce qu'on emploie l'acide phénique.

De plus en plus rompu à sa méthode, le maître

chercha peu à peu à obtenir des réunions qu'il n'osait tenter au début.

C'est de 1875 que date ce qu'on pourrait appeler la seconde manière de Guérin. Mais disons un mot de la première.

Guérin, à une époque où tous les amputés mouraient (1870-1871), ne songeait pas à réunir immédiatement les plaies d'amputation. Il entourait l'os de minces couches d'ouate, puis appliquait, lorsque la manchette en était mollement garnie, des couches de plus en plus épaisses sur le moignon.

Mais c'est là que le *modus faciendi* doit être compris et respecté; ces couches surajoutées doivent être exactement comprimées les unes après les autres au moyen de bandes de toile, neuves si possible, mais présentant en tout cas une résistance suffisante pour être fortement serrées.

De la sorte, on arrive progressivement à établir autour, et bien loin au-dessus du moignon, un manchon d'ouate également tassée présentant partout une fermeté capable de résister à tous les chocs, à tous les cahots.

Raoul Hervey, ardent défenseur de la méthode de son maître, a publié sous le titre de : *Application de l'ouate à la conservation des membres et des blessés*, un vigoureux plaidoyer en faveur du pansement de Guérin.

Pour bien marquer l'importance de la compression, il s'exprime ainsi :

« Il faut serrer tant qu'on peut, cela n'est assez serré que quand cela l'est trop. »

Il ajoute encore : « Le pansement n'est assez serré

que quand il donne à la palpation une sensation de résistance, de tension assez ferme mais encore élastique, et qu'à la percussion il fait entendre une résonnance comparable à celle de la cage thoracique normale. » Comme on le voit il ne s'agit pas d'y aller de main morte !

Malgré cette énorme quantité d'ouate et de bandes, l'air arrive encore à la plaie, mais filtré.

Quant aux sécrétions, elles sont variables comme quantité et qualité.

Elles contiennent des organismes inférieurs en plus ou moins grand nombre et sentent plus ou moins mauvais; tout cela dépend, cela va sans dire, de l'état d'asepsie de la plaie et de l'ouate, au moment de l'application du pansement.

Ces sécrétions, lorsqu'elles sont peu abondantes, se dessèchent sur place; elles transsudent au contraire au dehors lorsqu'elles sont copieuses; il faut arroser les taches qu'elles forment avec un antiseptique et remettre des couches d'ouate sur les points souillés.

Enhardi par ses premiers succès, Guérin, au lieu de s'opposer à la réunion par première intention, en tenta la fortune.

Il réussit pour une ablation du sein, puis pour des amputations de membres, et dès lors, toutes les fois qu'il jugea la chose possible, il s'efforça d'affronter les lambeaux et de chercher leur agglutination.

Comme précautions accessoires il conseillait de soigner l'hémostase, de laver les surfaces à réunir avec une solution d'acide phénique au millième, ou d'alcool camphré dilué, de réunir incomplètement ou de drainer.

Il recommandait d'appliquer le pansement loin des chambres encombrées de malades, afin de ne pas enfermer sous l'ouate des poussières dangereuses. Il insistait également sur le soin qu'il faut prendre des matériaux de pansement. L'ouate doit être neuve, n'avoir pas traîné dans des endroits suspects; les bandes elles-mêmes doivent être aussi fraîches et propres que possible.

Les résultats obtenus furent encourageants, et aujourd'hui que nous pouvons juger les choses en connaissance de cause, nous n'avons plus lieu de nous en étonner. Le pansement de Guérin met les parties opérées dans des conditions de repos parfait, de température égale, de compression constante, d'immobilité on ne peut plus favorables, et rien ne s'opposerait à leur guérison certaine si la plaie et l'ouate étaient rigoureusement aseptiques au moment où on les applique l'une sur l'autre.

Pour faire du pansement ouaté un pansement au-dessus de toute critique, il suffit donc d'assurer ces deux points de pratique.

La chose est facile.

Pour conclure, avouons que ce pansement a beaucoup de bon, qu'il peut, comme le dit Hervey, conserver de nombreux membres et blessés, et qu'il méritait un meilleur accueil puisqu'il arrivait à une époque où les autres modes de traitement des plaies donnaient de si piètres résultats.

Aujourd'hui nous avons mieux, nos pansements secs et aseptiques sont d'une application plus simple, mais nous devons nous rappeler que, dans bien des circontances, le pansement de Guérin peut rendre d'excellents services, lorsqu'il s'agit par exemple du transport de blessés atteints de fractures compliquées, et dont le pansement ne pourra pas être fréquemment renouvelé.

En temps de guerre, où de telles circonstances se présentent si fréquemment, il serait d'un usage plus général, n'était la difficulté qu'il y a en pareil cas à se procurer la quantité d'ouate suffisante. Il ne faut pas y songer pour les places de première, ni même de seconde ligne; il n'en peut être question que loin du champ de bataille, dans les hôpitaux bien installés et facilement ravitaillés.

Amené à parler de l'ouate comme matière à pansement, je ne saurais passer sous silence le nom d'un de mes compatriotes des plus primesautiers qui se puisse voir. Mathias Mayor, de Lausanne, à côté de bizarreries étranges réunies en un volume qu'il intitule lui-même : *Excentricités chirurgicales*, eut des idées géniales, on ne saurait le méconnaître.

Dans un chapitre fort humoristique, où il malmène de la belle manière les gens qui parlent à tout propos de *leur expérience*, il ajoute :

« Le corps le moins capable de nuire, la substance la plus précieuse en chirurgie, le *coton*, a été un objet d'épouvante et d'horreur dans l'univers entier pendant des milliers d'années, et il est aujourd'hui même stigmatisé par les hommes les plus recommandables et les corps académiques les plus illustres, uniquement parce qu'il a plu à une chimère de le déclarer venimeux !

« Un long et très long usage lui était pourtant acquis, afin de décider cette grave question ! »

Dans un autre chapitre : *Calomel et coton en qualité de topiques dans les ophtalmies*, il dit encore :

« Tous ceux qui ont vu faire des pansements à l'hôpital de Lausanne savent que je fais un très grand usage du coton cardé et de l'ouate. Ces corps me servent en effet à remplacer la charpie dans les cas où la généralité de mes confrères ont recours à cette dernière, etc... »

Ces quelques phrases indiquent nettement la haute opinion que Mayor avait de l'ouate, et la large place qu'il lui accordait dans le traitement des plaies. (Ces publications parurent en 1845).

L'explication scientifique, arrivée à son heure et confirmant l'observation clinique, nous a ralliés à l'opinion si longtemps combattue, et, n'était son prix élevé, le coton n'aurait guère trouvé de rival; mais lorsque des soucis d'ordre économique barrent le chemin à la chirurgie, force est bien pour elle d'imaginer des succédanés et de les introduire tout au moins dans la pratique hospitalière.

De l'eau dans les pansements.

Le rôle joué par l'air dans l'histoire des pansements est, nous l'avons vu, assez important; l'eau ne pouvait manquer d'être à son tour utilisée. Son usage en chirurgie se perd en effet dans la nuit des temps. Dès qu'il y a eu plaie et eau, on peut dire qu'elles ont couru l'une vers l'autre.

L'idée qui vient tout d'abord au premier sauvage blessé, c'est de laver sa plaie avec de l'eau; de là à la recouvrir de compresses humides il n'y a qu'un pas : la douleur se calme, la constatation en est vite faite et le pansement antiphlogistique par les applications froides est trouvé.

L'eau a été employée de plusieurs manières.

Sous forme de courant balayant sans cesse la plaie, elle entraîne toutes les sécrétions, et les germes qu'elle charrie sont emportés dans l'instant qui suit leur arrivée ; aussi, dans ces conditions, voit-on guérir sans complications des lésions graves, et parvient-on à conserver des organes qui paraissaient perdus. La délimitation des parties saines se fait d'elle-même, tandis que, constamment, moléculairement pour ainsi dire, s'éliminent sous l'influence bienfaisante du courant les tissus trop détériorés pour reprendre vie.

On a beaucoup employé l'*irrigation continue* à une certaine époque, et les bons services qu'elle rendit lui valurent de chauds partisans. Mais, outre qu'il n'est ni commode ni même possible de soumettre toutes les parties du corps à ce traitement, il est certain qu'il exige une installation parfois assez compliquée et nécessite en tous cas une certaine surveillance, car, une fois commencée, l'irrigation ne doit subir aucune interruption, ne fût-ce que pour mériter son titre de continue.

Je le répète, à la suite de traumatismes des extrémités, on a eu par ce moyen de fort bons résultats.

Dans les affections phlegmoneuses, on a également utilisé, en la combinant avec le drainage, l'irrigation continue. Un bras est envahi par un phlegmon diffus : on le crible d'incisions, des tubes de caoutchouc sortent par tous les orifices, et, malgré cela, le pus s'écoule incomplètement ; le passage d'un courant d'eau peut agir très efficacement en semblable circonstance.

Une question qui a été résolue de diverses manières se pose encore : doit-on ajouter à l'eau quelque antiseptique?

Si l'on est décidé à faire réellement de l'irrigation

continue, il faut s'en abstenir absolument, car la plupart des antiseptiques que nous employons sont toxiques, plusieurs même à un haut degré ; or, comment savoir au juste quelle quantité en sera absorbée pendant une irrigation destinée à durer plusieurs jours ? Ce qu'il y a de mieux, c'est de se servir d'eau bouillie pure ou additionnée d'une faible proportion de chlorure de sodium. Ce sérum artificiel convient admirablement aux tissus et ne les irrite nullement.

La température de l'eau a son importance aussi ; il ne la faut pas trop basse, 20 degrés environ. On la laissera s'abaisser au-dessous de ce chiffre suivant la tolérance du malade.

On a beaucoup renoncé à l'irrigation continue depuis qu'on a perfectionné les pansements antiseptiques ; c'est peut-être un tort : elle a des inconvénients sans doute, mais elle possède une action antiphlogistique et détersive évidente qui n'est pas à dédaigner.

De l'irrigation.

Pour n'y pas revenir, disons ce qu'il faut penser de l'irrigation, non plus comme moyen unique de traitement des plaies, mais comme adjuvant du pansement. L'irrigation dont on a coutume de faire usage pendant l'opération et à chaque renouvellement du pansement a été fort exagérée, il fut un temps où il y aurait eu réel avantage à construire les salles d'opérations sur pilotis, tant on abusait des lavages. Aujourd'hui on y renonce presque partout.

L'abus provenait du désir très naturel de maintenir constamment propre le champ opératoire ; et puis l'acide phénique était en telle vénération, qu'on le répandait à profusion comme une manne.

Nous l'avons dit ailleurs, les tissus ne restent pas indifférents à ces arrosages antiseptiques, ils réagissent contre eux, et les sécrétions abondantes qu'ils déterminent peuvent devenir un obstacle à la réunion des plaies.

Lorsque les irrigations sont faites à l'aide d'appareils situés à une trop grande hauteur, et pourvus de lances qui dardent sur la plaie un jet trop violent, elles ont une mauvaise influence; elles traumatisent pour ainsi dire les bourgeons. Le travail de cicatrisation à peine commencé ne peut supporter d'aussi vives attaques, l'épidermisation, qui s'avance mince et délicate sur les bourgeons, est troublée. En outre, est-on bien sûr, au lieu de lancer hors de la plaie tous les produits purulents mêlés de microbes dont on désire se débarrasser, de ne pas en refouler une partie dans quelque recoin, au risque d'obtenir ainsi un résultat diamétralement opposé à celui qu'on cherchait?

De ces quelques indications il ressort que, si l'on veut se servir de la douche pendant les opérations et les pansements, il faut la placer à une médiocre hauteur et adopter un tuyau dont le débit est modéré.

La douche d'Esmarch est restée le type de ces appareils. Les meilleurs sont en verre, et ceux dont la forme rappelle celle d'une bouteille sont les plus faciles à nettoyer. M. Galante a eu l'excellente idée de construire un petit appareil, *le vide-bouteille*, qui s'applique sur n'importe quelle bouteille. Un presse-tube spécial règle à volonté le débit du liquide.

Mais la tendance actuelle est de se passer d'irrigation et de se contenter d'essuyer le pourtour des plaies et d'éponger le pus qui les baigne avec une substance absorbante sèche, telle que la gaze hydrophile.

Pendant les opérations qui portent sur des tissus sains, cette pratique est certainement la meilleure, et le chirurgien n'a que faire de la douche en pareille circonstance, car son action hémostatique est insignifiante, et un coup de tampon donné à propos nettoie bien plus vite le point de la plaie sur lequel on travaille, que ne le ferait la meilleure des irrigations. Ceci est vrai surtout pour le sang, car, quand on aura à vider de vastes abcès, à éloigner des masses purulentes, l'irrigation sera presque nécessaire. On aura soin de la faire modérée, comme nous l'avons dit.

Bains et pansements humides.

Les bains, dans lesquels on laissait reposer souvent pendant des heures les parties blessées, sont bien délaissés; on leur préfère les pansements humides, peu serrés, fréquemment renouvelés, qui cependant ne rendent pas exactement les mêmes services.

Dans un bain, les sécrétions gagnent constamment le fond de la baignoire, tandis que dans un pansement elles restent en contact avec la plaie. Le bain repose, car le poids du membre y devient une quantité négligeable; enfin s'il s'agit de lésions de l'avant-bras ou de la main (et c'est le cas le plus fréquent) des mouvements sont faciles dans l'eau, et le blessé ne perd pas dans le bain toutes ses forces et sa souplesse comme cela arrive fréquemment dans l'immobilité forcée d'un pansement.

Les bains antiseptiques peuvent être renouvelés, suivant la quantité des sécrétions, deux ou trois fois par jour; mais il faut être prudent relativement à la force des solutions, surtout s'il s'agit de sublimé ou d'acide phénique. Le permanganate de potasse, s'il a d'autres inconvénients, n'a tout au moins pas celui d'être toxique, on peut donc avec lui forcer la dose.

Quant aux pansements humides, qu'on a présentés comme une sorte de succédané du bain, qu'ils soient imbibés de solutions aseptiques ou d'eau simple, ils s'appliquent toujours de même. Une dizaine de couches de mousseline, trempées dans le liquide choisi, sont appliquées, après expression, sur la région malade, puis recouvertes d'un mac-intosch. Le tout est fixé par une bande peu serrée.

Toute évaporation est à peu près supprimée dans ce pansement, ce qui fait qu'il remplit les indications du cataplasme. Aussi, grâce à lui, l'antisepsie a pu sacrifier la graine de lin, malgré ses longs et émollients services.

De tels pansements trouvent de fréquentes applications.

Ils facilitent l'élimination des escarres, assouplissent les parties indurées, calment la douleur par la détente qu'ils procurent, et donnent au malade un bien-être indéniable.

Dans des circonstances moins importantes, ils aident à la chute des croûtes, font disparaître les taches de sang incrustées dans la peau.

Appliqués pendant quelques heures sur une ligne de suture déjà solide, ils achèvent de la nettoyer tout en la rendant souple et nette.

Avant les opérations, lorsqu'on veut imbiber la peau

de substances antiseptiques, la débarrassant de mauvais éléments pour les remplacer par de bons, rien ne vaut, après le bain, l'application d'un de ces pansements antiseptiques qu'on n'enlève qu'au moment d'opérer.

Les exemples de l'utilité de ce genre de pansement pourraient être multipliés; ceux que nous venons de citer suffisent à rappeler que la forme humide, quoiqu'un peu reléguée à l'arrière-plan, ne saurait être oubliée, vu qu'elle joint souvent l'utile à l'agréable.

Pansements antiseptiques.

Abordons maintenant ce qu'on peut appeler les véritables pansements antiseptiques.

A tout seigneur tout honneur!

Lister, dans le but d'offrir aux sécrétions des plaies un milieu microbicide, et de mettre en outre ces liquides à l'abri de l'air, plaçait sur les plaies de la gaze phéniquée, puis la recouvrait d'un mac-intosch entre la septième et la huitième couche.

Pour éviter à la plaie le contact direct de la gaze, il l'isolait au moyen d'un taffetas de soie imperméable (Protective-silk). Une bande fixait le tout.

La préparation de ces tissus passa par de nombreuses phases d'études.

Celle à laquelle s'arrêta le maître fût la suivante :

Verser sur la gaze un mélange bouillant composé de :

Acide phénique cristallisé...	1 gramme.
Résine...........................	5 grammes.
Paraffine.........................	7 —

L'acide phénique est retenu par sa combinaison avec

la résine, ce qui permet à la gaze de conserver pendant un *certain temps* ses vertus antiseptiques.

Quant à la paraffine, elle n'est là que pour empêcher l'adhérence trop forte à la peau et l'irritation que ne manqueraient pas de développer les deux autres substances.

On a trop accusé l'acide phénique de ces méfaits, car c'est plutôt à la résine qu'il faut les attribuer.

On sait combien ce corps est irritant et détermine rapidement des éruptions sur certaines peaux prédisposées.

Il est d'ailleurs choisi précisément, à cause de cette propriété, comme base de nombreux topiques.

Nous savons tous ce que nous devons au pansement *de Lister;* nous l'avons vu transformer nos résultats, il a fait notre admiration; mais il ne s'ensuit point que nous devions rester figés devant lui, sans plus jamais faire un pas.

Bien au contraire, c'est pour l'avoir longtemps et scrupuleusement employé qu'il a été possible de le modifier d'abord, et même de l'abandonner en toute connaissance de cause.

Ses avantages, nous les connaissons; quels sont donc les défauts qui lui ont valu cette sorte de discrédit?

Quand nous aurons rappelé que c'est en somme un pansement humide, renfermant deux corps irritants pour la peau, l'acide phénique et la résine, plus une mousseline rendue rigide par la présence de cette dernière, on ne sera pas surpris du grand nombre d'éruptions qu'il détermine. On se demandera plutôt comment ces accidents, joints à d'autres plus graves, ceux d'intoxication, n'ont pas plus vite découragé les Listériens purs.

La raison en est, sans doute, dans la satisfaction qu'ils éprouvèrent tout d'abord à sauver des vies ou seulement des membres qu'ils avaient pris l'habitude de considérer comme perdus avec les autres méthodes; alors ils passèrent volontiers condamnation sur quelques accidents cutanés auxquels ils s'efforçaient de remédier par des pommades habilement combinées.

Mais quand, au bout de quelques années, ils se furent habitués aux succès *quoad vitam*, ils se blasèrent et devinrent peu à peu plus exigeants, et à juste raison; pourquoi s'arrêter en si beau chemin? La réussite en bloc ne suffisant plus, on chercha la perfection dans les détails, et ce fut ainsi que, peu à peu, et de tous les côtés, souffla un vent de modification et de simplification.

Cette réforme porta tout d'abord sur les substances chimiques. On remplaça l'acide phénique par l'acide salicylique, par le camphre phéniqué en solution dans l'huile, par l'iodoforme, le sublimé, le naphtol, le bismuth. Puis vint le tour des tissus de pansement. Le protective fut remplacé par la gutta-percha laminée, ou simplement supprimé. Il en fut de même du macintosch.

A la gaze on substitua l'étoupe, l'ouate, la laine de bois, la mousse, la tourbe, la laine de scories, toutes substances filamenteuses qu'on imbibait de divers antiseptiques.

Ensuite on préconisa les poudres absorbantes. La sciure de bois, le verre pilé, la cendre, le sable, la poudre de charbon, etc... Toutes les substances possibles, pourvu qu'elles fussent poreuses et absorbantes, furent essayées. Ces pansements ne firent pour la plupart que paraître et disparaître, après avoir eu l'honneur éphémère de porter le nom de quelque chirurgien plus ou moins illustre.

On trouve dans les livres spéciaux, et il en paraît chaque jour, non seulement tous les renseignements concernant les divers modes de préparation de cette légion d'antiseptiques, mais encore ceux des non moins nombreux produits destinés à les retenir dans leurs mailles [1]. Nous ne pouvons entrer dans ces détails de technique pharmaceutique ; d'autant moins que, comme cela arrive toujours en pareil cas, sur la masse des produits proposés, il n'y en a qu'un nombre fort restreint qui reste dans la pratique.

De ces derniers seulement nous dirons quelques mots. A la gaze de Lister on s'efforça d'enlever la raideur et surtout les principes irritants. E. Boeckel de Strasbourg a indiqué la préparation suivante :

Faire macérer pendant huit jours la mousseline dans :

Eau	5,000	grammes.
Alcool	500	—
Glycérine	500	—
Acide phénique	300	—

Au moment de s'en servir on la passe à l'eau tiède et on l'applique sur la plaie sans interposition de protective.

1, *Manuel d'antisepsie chirurgicale*, par le Dr Paul Troisfontaines. G. Steinheil, éditeur, Paris.

Nouveaux éléments de petite chirurgie, par le Dr Chavasse, du Val de Grâce. O. Doin, éditeur, Paris.

Manuel d'asepsie, par le Dr C. Schimmelbusch. O. Doin, éditeur, Paris.

Asepsie et antisepsie chirurgicales, par MM. O. Terrillon et H. Chaput. O. Doin, Paris.

Traité pratique d'antisepsie appliquée à la thérapeutique et à l'hygiène, par les docteurs Le Gendre, Barette, Lepage. G. Steinheil, éditeur, Paris.

MM. Weber et Thomas exposent simplement, pendant deux ou trois jours, des couches d'étoupes séparées par des feuilles de papier, à des vapeurs phéniquées qui se dégagent dans une caisse hermétiquement close.

Ce procédé fort simple donne un produit de belle apparence, mais l'acide phénique ne reste pas longtemps fixé à l'étoupe; aussi ne peut-on faire, à l'avance, de grandes provisions de ce produit.

Tiersch, de Leipsig, lança l'ouate salicylée à 4 et 10 0/0.

L'acide salicylique, outre qu'il jouit de sérieuses qualités antiseptiques, n'est ni irritant pour les plaies, ni toxique et s'altère difficilement. Le grand usage qu'on en fait à l'intérieur le prouve chaque jour; aussi le nouveau pansement se répandit-il rapidement, quoiqu'il ait l'inconvénient d'irriter fortement les muqueuses respiratoires.

A l'ouate succéda le chanvre salicylé, puis peu à peu on en entendit moins parler. Tous les regards se portèrent vers l'iodoforme.

Mosetig-Moorhof, en 1880, fit connaître la valeur chirurgicale de l'iodoforme, et plus tard, au Congrès de Copenhague (1886), en dit tous les mérites.

Ce médicament, connu de tout le monde aujourd'hui, a déjà fourni une brillante carrière, et rend chaque jour d'inestimables services.

Très peu soluble dans l'eau, il se dissout bien dans l'huile, l'alcool, le chloroforme et l'éther.

On le retrouve dans toutes les sécrétions des malades qui en absorbent, ce qui rend pour certaines personnes son emploi très pénible. On a remarqué également que les mains qui en ont touché communiquent aux objets métalliques, et particulièrement aux fourchettes et cuillères, une odeur très désagréable (Poncet); ceci, joint au mauvais goût que certains malades ont constamment dans la bouche; leur enlève l'appétit, les écœure et trouble par conséquent leur alimentation.

On a beaucoup discuté sur la facilité plus ou moins grande avec laquelle il s'absorbe. Cette facilité augmente avec un iodoforme finement pulvérisé, elle est plus rapide sur les plaies fraîches que sur les ulcères; mais c'est lorsque cette substance se trouve en contact avec des tissus chargés de graisse que la résorption est la plus prompte. Rien d'étonnant à cela puisque nous venons de signaler la grande solubilité de l'iodoforme dans les graisses. Il faut également s'abstenir d'exercer une compression trop forte du pansement avec les bandes : cela favorise beaucoup l'absorption. Il y a donc lieu de tenir compte de ces diverses conditions afin de ne pas en arriver à la période des accidents.

L'intoxication par l'iodoforme revêt plusieurs degrés. Au début les malades se plaignent surtout d'inappétence, ils sont tristes, le pouls est faible et très rapide. Si à ce moment on supprime absolument le médicament, on voit peu à peu, en quelques jours, comme quelquefois aussi au bout de plusieurs semaines seulement, les accidents s'amender.

D'autres fois les choses marchent plus vivement. De véritables accès de manie surviennent; d'un jour à l'autre, une grande prostration envahit le malade, qui bientôt divague, bégaye. Le pouls devient filiforme, la déglutition impossible, la bouche reste entr'ouverte, la langue est sèche, et la mort ne tarde pas à arriver sous un de ses plus vilains aspects.

La susceptibilité à l'iodoforme est chose absolument individuelle.

J'ai vu une laparotomisée, pour laquelle on n'avait employé qu'une dose insignifiante d'iodoforme (on avait simplement saupoudré la ligne médiane de l'abdomen une fois toutes les sutures terminées), être prise d'accidents de manie inquiétants. Le changement du pansement calma peu à peu cet état.

Les infirmiers et infirmières qui ont vu des accidents de ce genre sont d'ailleurs la meilleure sauvegarde des malades ; car, sachant combien ces intoxiqués deviennent pénibles à garder, combien les soins qu'ils nécessitent sont de tous les instants, ils ne tardent guère à avertir le chirurgien de ce qui se passe dès que les premiers symptômes suspects apparaissent.

Mosetig a remarqué que l'empoisonnement survient plus facilement lorsque concurremment à l'iodoforme on se sert d'acide phénique ; cela tient peut-être à ce que celui-ci exerce sur les reins une action gênant l'élimination de l'iodoforme.

Peu après l'application d'un pansement iodoformé, on retrouve de l'iode dans les urines ; pour le déceler, il suffit d'ajouter, à des quantités égales d'urine et d'empois d'amidon, quelques gouttes d'acide nitro-sulfurique : on voit immédiatement apparaître la coloration violette caractéristique.

L'action antiseptique de ce produit est non seulement énergique, mais durable : qualité rare. Une plaie recouverte d'iodoforme reste aseptique pendant longtemps, la dessiccation qui s'opère sous l'influence de la poudre iodoformée est défavorable au développement des microbes, et l'iode qui s'en dégage lentement à l'état naissant exerce activement son action germicide.

Dans les cavités osseuses résultant d'évidements de

foyers tuberculeux, dans les articulations fongueuses, l'iodoforme fait merveille.

L'éther iodoformé (iodoforme 5 grammes, éther 100 grammes), injecté dans des abcès froids vidés par une ponction, ou dans des plaies sanieuses, exerce la meilleure influence.

C'est surtout pour le traitement des cavités buccale et nasale que la gaze iodoformée est précieuse.

Les gynécologistes s'en servent journellement pour tamponner la cavité utérine, le vagin, la cavité péritonéale.

Les crayons iodoformés sont placés dans le col ou dans les trajets fistuleux pour les assainir.

Les pommades, le collodion, l'huile, sont souvent mélangés à cet agent de désinfection, et permettent son application dans les conditions les plus variées.

Sublimé.

Les pansements au sublimé, qui ont pour ainsi dire supplanté ceux à l'acide phénique, ont été surtout mis en avant par von Bergmann, et par Schede et Kümmel, de Hambourg.

Les avantages du sublimé sont tels qu'il ne pouvait tarder à entrer largement dans la pratique.

Ce sel de mercure se dissout facilement, il ne s'évapore pas comme l'acide phénique et cette fixité est précieuse, en ce sens qu'elle permet d'avoir longtemps confiance dans les tissus qui en sont imprégnés.

Comme le pouvoir microbicide du sublimé est considérable, il suffit de l'employer à doses minimes. Les solutions les plus usuelles sont celles de 1 p. 1000, ou 2000, ou 5000.

Cette dernière est encore suffisamment germicide pour qu'on puisse dire que le sublimé occupe le premier rang dans la série des antiseptiques usités en chirurgie.

On recommande d'ajouter 5 grammes d'acide tartrique par litre de solution au millième, afin de diminuer la forte tendance que possède le sublimé à se combiner avec les albumines qu'il rencontre dans les tissus, et avec lesquelles il forme un albuminate de mercure beaucoup moins actif : c'est une bonne mesure. Comme il est suffisant d'employer des solutions faibles, la peau supporte mieux les pansements au sublimé que ceux à l'acide phénique.

Combien aussi les assistants souffrent moins aujourd'hui qu'au temps phéniqué! Leurs mains ne sont plus pelées, fendillées, horribles; c'est à peine si les plus susceptibles subissent une légère exfoliation, et si les ongles prennent parfois une teinte grisâtre.

Les avantages du sublimé sont nombreux, on le voit; n'a-t-il pas de défauts?

Le sublimé est un poison, et quoique la solution de Van Swieten, si souvent administrée à l'intérieur, soit précisément au même titre (1/000) que la solution habituellement employée en chirurgie, il faut néanmoins prendre ses précautions pour éviter toute méprise. Aussi, comme le sublimé n'a pas d'odeur, fera-t-on prudemment de colorer ses solutions en bleu ou en rose.

Je préfère le bleu, voici pourquoi. Les pharmaciens préparent des pastilles de sublimé fort commodes à emporter avec soi en voyage; pastilles qui ressemblent à s'y méprendre à celles de chlorate de potasse lorsqu'ils leur donnent la coloration rose. Il vaut donc mieux, pour éviter toute fâcheuse méprise, colorer solutions et tablettes en bleu.

Le sublimé étant un poison avec lequel il faut compter, il était à prévoir que des accidents ne manqueraient pas de se produire; et en effet leur liste n'a pas tardé à s'allonger.

On remarque que, localement, l'emploi prolongé du sublimé en compresses amène parfois assez rapidement une éruption suivie de desquammation, qui est d'ailleurs sans danger.

Mais des phénomènes généraux, tels que salivation et diarrhée suivie de nausées, de coliques violentes, revêtent quelquefois un caractère de telle acuité, qu'on a vu la mort survenir en quelques heures.

Dans d'autres formes d'empoisonnement, ce sont les reins qui réagissent; alors surviennent des hématuries et de l'albuminurie, le pouls devient précipité, et les phénomènes urémiques terminent la scène.

Dans ces cas il est probable que l'intégrité des reins laisse fort à désirer; aussi ne saurait-on trop insister sur l'importance qu'il y a à se rendre compte de l'état des urines avant de soumettre les opérés à l'influence de médicaments tels que l'iodoforme ou le sublimé.

Il existe aussi vis-à-vis du mercure des idiosyncrasies étonnantes.

J'ai été appelé cette année auprès d'une dame qui souffrait d'une salivation assez intense, accompagnée de gonflement des régions sous-maxillaires, et dont la langue présentait depuis la veille de petites ulcérations très douloureuses. J'étais, sans conteste, en présence d'une stomatite mercurielle, dont je cherchai partout l'origine sans la découvrir.

Le lendemain et le surlendemain, les accidents avaient augmenté malgré le traitement institué.

Décidé à trouver la cause de lésions aussi caractéristiques, je poussai mon examen jusqu'au delà des limites de la discrétion, et je finis par obtenir l'aveu suivant.

Cette dame avait sur la joue gauche une tache jaunâtre qui chagrinait fort sa coquetterie : dans le but de la faire disparaître, elle l'avait frottée assez énergiquement avec une solution de sublimé à 2/00; et c'était cette simple friction, répétée quatre jours de suite, qui avait amené des accidents hors de proportion avec leur cause.

Trois jours après la cessation du traitement, tout rentrait dans l'ordre. J'examinai les urines quand la malade fut remise, et les trouvai normales. Mais si cette personne avait subi une opération au cours de laquelle le sublimé eût été employé sans ménagements, à quels accidents n'aurions-nous pas assisté?

Un inconvénient important, mais qui n'intéresse que le chirurgien, consiste dans l'altération que le sublimé fait subir aux instruments. Les taches noirâtres, et l'usure qu'il produit sont fort désagréables; aussi, ne peut-il être question de bains de sublimé pour les instruments; l'acide phénique conserve ici tous ses droits.

C'est en gynécologie que l'altération du métal se fait surtout sentir. Après chaque examen, le spéculum est recouvert d'un enduit grisâtre de fort vilaine apparence. Mais enfin ce n'est là qu'un inconvénient; avec quelques soins on y remédie, et le sublimé n'en restera pas moins pour cela l'antiseptique le plus commode et le plus puissant. On a tâché de lui substituer le biiodure de mercure. Malgré les très bonnes raisons invoquées, ce médicament n'a été adopté que par un petit nombre de chirurgiens. M. Pinard en fait grand usage dans son service d'accouchements, et le Dr Girard, de Berne, qui s'en sert exclusivement depuis plusieurs années, m'écrit à ce sujet : « Il stérilise aussi bien que le sublimé ; il est moins toxique. La toxicité des combinaisons mercurielles ne provient évidemment que du mercure y contenu.

« Dans le sublimé le chlore représente 26,00 et le mercure 74,00 du poids, tandis que, pour le biiodure, la proportion est différente, à cause du poids atomique supérieur de l'iode. Dans le biiodure, à poids égal, il y a seulement 44 0/0 de mercure et 56 0/0 d'iode. 44 0/0 au lieu de 74 0/0 en contenu de mercure, c'est une différence qui explique comment les plaies irriguées avec une solution au millième présentent beaucoup moins de danger d'intoxication mercurielle aiguë ou subaiguë avec le biiodure qu'avec le bichlorure.

« Le biiodure étant insoluble, il faut, pour obtenir la solution aqueuse, ajouter un peu plus d'une partie d'iodure de sodium ou de potassium. »

Le Dr Girard stérilise le catgut, la soie et toutes les pièces de pansement à l'aide de ce médicament.

Il fait en outre préparer des pastilles au biiodure absolument analogues à celles au bichlorure. Ces pastilles se conservent mieux et sont aussi facilement dissoutes dans l'eau. Elles contiennent 0,5 et 1,0 de biiodure.

Les excellents résultats de la pratique du chirurgien de Berne sont faits pour entraîner la conviction.

Acide borique.

Cet antiseptique, d'ailleurs assez anodin, reste dans la pratique en raison même de sa faible action. Il convient dans certains cas où il se montre suffisamment actif, tout en restant inoffensif.

L'eau froide en dissout un peu plus de 3 0/0. On l'utilise principalement dans la chirurgie oculaire et urinaire. Les injections d'eau boriquées sont bien tolérées par la vessie, et peuvent parfois rendre à l'urine sa pureté. Lorsqu'on opère de jeunes enfants pour phimosis, ou qu'il s'agit de nettoyer les oreilles, le nez, l'acide borique rend de bons services.

C'est encore avec sa solution tiède qu'on irrigue volontiers la plèvre après l'opération de l'empyème.

Ce produit n'est pas toxique, et possède encore un pouvoir antiseptique qui, paraît-il, n'est que 3 ou 4 fois inférieur à celui de l'acide phénique.

On peut conseiller son emploi lorsqu'on devra pratiquer une opération sur un sujet affaibli, cachectique, dont le cœur ou les reins laissent beaucoup à désirer, et qu'il serait dangereux de mettre en présence de l'acide phénique ou du sublimé.

Le permanganate de potasse

Est un antiseptique assez utile, quoique son pouvoir désinfectant ait le tort d'être peu durable, tandis que sa coloration est désagréable, en ce sens qu'elle tache le linge et la peau. Malgré cela, le permanganate trouve de fréquents emplois. Nous plaçons volontiers les membres blessés qui arrivent souillés ou suppurants, ou sphacélés, dans un bain de permanganate au millième.

Comme cette substance n'est ni irritante ni toxique, on peut s'en servir pour stériliser toutes les cavités naturelles. Rectum, vagin, nez, etc., peuvent être sérieusement nettoyés par son moyen, avant toute intervention chirurgicale.

C'est au permanganate de potasse que j'ai recours depuis plusieurs années, pour le traitement de la blennorragie.

Je fais passer dans l'urèthre deux ou trois litres d'une solution chaude (45°) de permanganate à 1/5000 environ.

On répète l'injection une ou deux fois par jour suivant les cas. Au moyen d'une sonde n° 12, non graissée, le liquide est porté jusque près du col vésical, et c'est le long de cette sonde qu'il revient en lavant le canal d'arrière en avant.

Cette méthode donne de très bons et rapides résultats, et, s'il arrive qu'une certaine quantité de la solution s'insinue dans la vessie, il n'en résulte aucun inconvénient.

Le permanganate est aussi très employé pour la désinfection des mains; il suffit ensuite de plonger celles-ci dans un bain de bisulfite de soude additionné d'un peu d'acide chlorhydrique pour les décolorer immédiatement.

Le chlorure de zinc

Était connu depuis longtemps en chirurgie, lorsque Lister l'adopta dans sa pratique. On l'utilisait spécialement comme caustique; il faisait partie des pâtes destinées à détruire des tumeurs malignes. Lister l'admit comme antiseptique à la dose de 8 0/0. C'est en effet un puissant désinfectant, qu'il convient d'employer lorsqu'on se trouve en présence de plaies de mauvaise nature, d'infections comme la pourriture d'hôpital, de gangrènes, etc...

La mince escarre grisâtre que forme sur les plaies le chlorure de zinc, n'empêche pas la réunion par première intention. On l'a employé à doses moins fortes, 1 0/0, pour laver les plaies, mais c'est surtout comme puissant antiseptique qu'il doit être apprécié.

Il est encore une série de préparations d'un usage courant, à la stérilisation desquelles il faut prêter une rigoureuse attention.

Ce sont par exemple les huiles, les pommades dont on se sert pour graisser les instruments explorateurs ou les doigts.

On voit souvent tendre à l'opérateur un pot de vaseline, plus ou moins boriquée, et qui a déjà servi à maintes reprises.

Lorsqu'il ne s'agit que d'un toucher rectal, je veux bien qu'on n'exagère pas les scrupules antiseptiques; mais s'il faut graisser un cathéter, la question est différente et il importe de ne se servir que d'un produit irréprochable.

La manière la plus simple d'avoir toujours de l'huile pure, c'est de remettre les flacons qui la contienne à l'autoclave chaque fois qu'on chauffe celui-ci.

Grâce à cette facile précaution, il n'est pas besoin d'adjoindre au corps gras des antiseptiques plus ou moins illusoires ; l'asepsie est bien préférable.

Le *naphtol camphré* est une préparation assez en honneur présentement dans les cliniques ; on l'injecte dans les trajets fistuleux, dans les plaies anfractueuses. Il se prépare en triturant 15 grammes de naphtol B avec 30 grammes de camphre. Le mélange de ces deux poudres donne un sirop jaunâtre, assez épais. On utilise de la même manière le salol et le thymol camphrés. Quelques poudres ont été aussi conseillées comme adjuvants des pansements secs. On a groupé divers antiseptiques, pensant de la sorte augmenter leur pouvoir microbicide. C'est ainsi que Championnière a formulé la poudre suivante :

Iodoforme..................	parties égales.
Quinquina..................	
Benjoin....................	
Carbonate de magnésie.......	
Saturée d'essence d'eucalyptus.	

La plaie protégée par une bandelette de protective est recouverte d'une couche de poudre, puis d'un pansement ouaté. Cette préparation, beaucoup moins chère que l'iodoforme, permet en outre de faire les pansements rares ; elle dégage une odeur agréable et sa préparation est fort simple.

Des résultats très satisfaisants la recommandent à l'attention des praticiens.

MM. Jolyet et Bergonié ont à leur tour constaté, au moyen d'ensemencements, la valeur antiseptique du sous-nitrate de bismuth ; aussi a-t-on essayé ce médicament pour le pansement des plaies.

Pour conserver des substances qui subissent facilement la fermentation, tels que les fruits, les cuisinières utilisent le sucre. Les confitures, nous le savons, se conservent fort longtemps sans s'altérer ; les sirops fortement sucrés résistent, eux aussi, aux fermentations.

Partant de ce principe, le professeur Lücke a essayé le sucre en poudre pour le pansement des plaies, et a réussi fort souvent à obtenir par ce moyen des réunions excellentes.

C'est là une ressource dont on doit se souvenir, et à laquelle on songerait si les désinfectants habituels venaient à manquer. Il est certain que cette poudre fine et sucrée est un assez bon absorbant ; on place sur la plaie une couche de gaze antiseptique puis on la couvre d'une épaisse couche de sucre.

Le Dr Maze de Bordeaux y ajoute de l'iodoforme, et cite des cicatrisations rapides dues à ce pansement, lequel est bon marché et se trouve partout sous la main du praticien.

Je n'en finirais pas si je voulais dresser la liste complète de toutes les poudres, pommades, onguents, etc., qui ont été préconisés.

Je crois pouvoir borner là cette énumération, car, en somme, nous venons de voir la plupart des pansements qui ont le privilège d'être préférés par la majorité des chirurgiens; c'est à eux qu'il convient de s'adresser dans les cas nombreux qui ne sont pas justiciables de l'asepsie.

Ils ne sauraient en effet être considérés comme les concurrents des pansements aseptiques, mais bien comme leurs adjuvants. Les attributions des uns et des autres sont parfaitement distinctes, et l'utilité de ceux-ci s'affirme précisément là où celle des autres se montre insuffisante.

Il faut bien comprendre que ce n'est pas en appliquant sur une plaie infectée un pansement qui n'a que le mérite d'être dépourvu de germes vivants, que nous arriverons à l'assainir. Dans ces circonstances on ne saurait se contenter de qualités négatives ; ce sont au contraire de puissants agents destructeurs des principes toxiques, qu'il s'agit de mettre en œuvre.

La pratique journalière de la chirurgie nous fournit à tout instant des plaies souillées, septiques, que nous devons chercher à purifier par tous les moyens possibles.

Nous ferons couler sur elles des torrents de liquide destinés à balayer les germes; nous additionnerons ces liquides des substances antiseptiques les plus efficaces : mais tout cela sera souvent insuffisant. L'action mécanique et chimique n'est pas toujours capable d'arrêter la marche envahissante de l'infection; il faut, après ces efforts du début, laisser derrière soi une réserve qui continue à assurer la désinfection de la plaie. Cette ressource, qui agit en dehors des manœuvres de la première heure, est constituée par le pansement antiseptique, lequel, cédant peu à peu à la plaie ses éléments germicides, neutralise les produits toxiques au fur et à mesure de leur production. Compris de la sorte, les pansements antiseptiques humides auront longtemps encore, et dans de nombreuses circonstances, un rôle des plus utiles à jouer. Mais, fort heureusement, toutes les plaies que nous avons à panser ne sont pas infectées.

Celles que nous créons nous-mêmes, de propos délibéré, peuvent le plus souvent être considérées comme dépourvues de germes.

Nos préparatifs avant l'opération, le soin que nous apportons à la désinfection du malade, des instruments, du pansement, sont des garanties presque certaines, qui, la plupart du temps, pourront être considérées comme absolues.

Dans ces conditions, pourquoi demanderions-nous aux antiseptiques des garanties au moins inutiles? Pourquoi irriter par leurs moyens des plaies absolument saines? Ce serait être, il faut en convenir, plus royaliste que le roi. Laissons-les bien tranquilles au contraire, ces plaies vierges de tout contage, et ne condamnons pas le bien fondé de notre intervention en la compromettant par des mesures irritantes et dangereuses. C'est à ces cas, fréquents aussi, que le pansement aseptique s'adresse; c'est lui qui suffit à laisser se parfaire la guérison, en toute paix, loin des troublantes actions de l'antisepsie.

Cela dit, voyons ce que l'on entend par pansement aseptique.

La chose est si simple qu'il est difficile de comprendre comment on est resté si longtemps avant de la réaliser.

Actuellement que nous savons comment triompher des microbes les plus résistants, au moyen de l'emploi raisonné de la chaleur, nous n'avons qu'à mettre en pratique les diverses méthodes dont nous connaissons toutes les sécurités. Tantôt ce sera à la chaleur sèche que nous confierons les produits qui doivent se trouver en contact avec les plaies. Tantôt, au contraire, à la chaleur sous pression, puisque c'est elle qui se montre la plus active dans le moins de temps donné, elle aussi qui détériore le moins les objets qui lui sont confiés. Nous n'avions qu'à choisir entre ces deux applications de la chaleur; et, après ce que nous avons dit d'elles dans le chapitre qui leur est consacré, il est facile de conclure.

En somme, le pansement aseptique est un pansement sec qu'on applique après avoir, pendant et avant l'opération, pris toutes les précautions possibles pour éviter l'infection par contact.

Ces précautions que nous avons vues, au cours de cette étude, porter non seulement sur le malade, mais sur tout ce qui l'entoure, nous livrent donc, à la fin de l'opération, une plaie aseptique, dont les sécrétions seront réduites à leurs proportions physiologiques, puisqu'elles n'auront pas été exaspérées par des lavages avec des solutions irritantes.

Ces sécrétions aseptiques se répandent peu à peu dans la gaze stérilisée par la chaleur, dont nous recouvrons la plaie, et s'y dessèchent au fur et à mesure de leur production, sans arriver jamais à la surface du pansement.

Pour obtenir ce résultat, une certaine expérience est nécessaire. Il faut juger, en effet, quelle épaisseur doivent avoir les couches d'ouate ou de tourbe Redon, dont on recouvre la gaze pour prévenir l'arrivée au contact de l'air des sécrétions de la plaie. Une compression égale, faite au moyen de bandes exactement appliquées, est des plus utiles.

J'emploie de préférence des bandes de flanelle grossière; elles offrent des qualités de souplesse et d'élasticité très précieuses.

Il faut insister sur l'importance d'un bandage bien fait; il est presque aussi important qu'une bonne suture, et, outre le côté esthétique qui doit toujours être respecté, il procure au blessé une tranquillité et une sécurité qu'il sait fort bien apprécier.

Les pansements établis suivant ces données peuvent

rester plusieurs jours en place. Lorsqu'on les enlève, on trouve leurs couches profondes, sèches, dures, collées ensemble par du sang; la plaie est en parfait état, sans gonflement ni rougeur; bref, la réunion par première intention ne fait le plus souvent pas de doute. Ce qui dirige pour la levée du premier pansement, c'est la question du drainage. Quoiqu'ayant dit ailleurs combien j'en suis encore partisan, je reconnais qu'on peut parfois s'en passer; dans ces cas, on laissera le pansement en place jusqu'à guérison complète, l'enlèvement des sutures, faites avec un fil aseptique, n'ayant pas d'importance.

Cependant, d'une façon générale, et pour préciser, je dirai qu'à la suite d'amputation de jambe, de cuisse, de sein, après la thyroïdectomie, etc..., je préfère changer le pansement le second ou le troisième jour. Le malade est soulagé lorsqu'on troque la carapace dure et sèche que nous décrivions tout à l'heure, contre un pansement frais, moins épais, moins serré. Le drain, le plus souvent, peut être enlevé par la même occasion, en sorte qu'on n'a plus, après ce premier renouvellement de pansement, qu'à attendre les événements.

Cette retenue qu'imposent aux chirurgiens les pansements rares peut paraître pénible, à ceux surtout qui n'y sont point rompus.

Pendant de longs jours ils doivent, en effet, confiants dans l'exactitude de leur intervention, se borner à monter la garde, sans qu'il leur soit permis de se renseigner *de visu* sur la marche de la réparation. Une fois le pansement terminé, leur rôle de chirurgien devient presque exclusivement médical, mais n'en reste pas moins fort intéressant et utile. Surveiller le malade au point de vue de la bonne marche des fonctions, diriger sa diète, s'assurer de la température, du pouls; faire intervenir en temps opportun quelque médication rationnelle; voilà certes une tâche qui permet d'attendre sans impatience le jour heureux où il sera permis de constater enfin la réussite, jusqu'alors seulement espérée!

Faisons remarquer encore que le pansement aseptique réalise des conditions d'économie qui sautent aux yeux. Au lieu d'acheter fort cher, ou de préparer laborieusement, des gazes antiseptiques de diverses espèces, gazes qui perdent souvent en peu de temps leurs qualités; au lieu de les recouvrir d'étoffes imperméables, dont le prix est également fort élevé, on n'a qu'à se procurer une mousseline très ordinaire, et de l'ouate qu'on aseptise soi-même.

Le pansement, au lieu de se salir et d'exiger son fréquent changement, reste longtemps le même : nouvelle économie. Ne contenant aucun antiseptique, il ne peut causer les accidents d'empoisonnement qu'on signalait autrefois. Il n'est pas irritant pour la plaie et ne répand aucune mauvaise odeur.

Voilà certes de suffisants avantages pour décider toute clinique, même de minime importance, à se munir d'un appareil stérilisateur. Le prix d'achat sera rapidement compensé par les épargnes que permet son usage.

Quant au médecin praticien, qui n'a que rarement l'occasion d'intervenir chirurgicalement, nous avons vu qu'il peut avoir de bonnes chances de réussite, moyennant certaines précautions, en ayant recours à l'ébullition.

De la gaze longtemps bouillie dans de l'eau légèrement salée, puis conservée entre deux couches d'ouate, fournit un pansement très suffisant.

Serait-ce une lacune que de clore cette revue des principaux pansements, sans faire allusion à celui pour lequel on a si justement revendiqué le titre de *Pansement sale?* Je ne pense pas; car son défenseur le plus autorisé a suffisamment usé et abusé du paradoxe à son profit, mince profit, pour qu'on n'y revienne plus!

Ce pansement inavouable a d'ailleurs si bien disparu de l'horizon chirurgical, qu'il n'est plus nécessaire de recourir, comme le proposait Nussbaum il y a quelques années, au glaive de la justice pour trancher la question de responsabilité professionnelle. Et il serait inopportun de rappeler cette phrase de Dauzet, de Hambourg : « Celui qui n'a pas de plaisir à pratiquer la méthode antiseptique n'est pas un honnête homme. »

En science, les convictions, fussent-elles fausses, ne doivent pas se voir barrer la route par des mesures coercitives.

La persuasion est la seule arme admise, la seule dont on puisse attendre des effets sûrs et durables; effets qui n'ont, il faut l'avouer, que le tort de se faire parfois trop attendre; retard fâcheux, surtout lorsqu'il compromet des existences.

XIX

LES EXAGÉRÉS DE L'ANTISEPSIE

Il faut à certains esprits des doses massives! Lorsqu'ils ont adopté une idée, souscrit à une méthode, ils ne savent s'y tenir scrupuleusement, car pour eux la fidélité réside dans l'exagération. Aussi voit-on ces amis trop dévoués aller à fin contraire de leurs meilleures intentions, en compromettant la cause qu'ils pensaient défendre.

La méthode de Lister ne pouvait échapper à cette fatale tendance.

Désireux de mériter le titre d'adeptes de Lister, que de chirurgiens trop fervents ont souvent dépassé la mesure!

Ceux qui ont assisté à l'aurore de la nouvelle doctrine l'ont bien souvent remarqué, et plusieurs d'entre eux se sont efforcés de retenir ces élans inconsidérés.

Aujourd'hui que nous avons franchi déjà de nombreuses étapes sur la route de l'antisepsie, nous pouvons avec fruit peut-être, avec intérêt sans doute, nous arrêter, et profiter des enseignements fournis par l'inexpérience passée.

Et tout d'abord, les idées du maître ne furent pas toujours comprises dans leur acception large. Comme je l'ai déjà signalé, au lieu de voir dans la méthode de Lister une vraie méthode, on la confondit avec un simple pansement.

On se crut listérien parce qu'on se brûlait les mains avec des solutions d'acide phénique extra-fortes ; et il ne déplaisait pas à certains de faire même parade de ce sacrifice inutile, en étalant à tout propos des mains imprésentables.

Non content d'avoir pris toutes les précautions prescrites comme devant précéder l'opération (et ce sont souvent les plus importantes), n'a-t-on pas singulièrement exagéré la désinfection au cours de l'opération? Arrosant sans mesure de solution phéniquée les moindres plaies, n'est-on pas trop souvent arrivé à produire une véritable cautérisation de tissus, d'ailleurs parfaitement sains, qu'il suffisait de respecter?

C'est à la suite de cette orthodoxie poussée jusqu'à ses dernières limites, que l'on constatait des accidents parfois fort graves.

La peau eut surtout à souffrir de ces excès: des érythèmes étendus, érythèmes bulleux, véritables brûlures, succédaient souvent à ces orgies phéniquées, et réclamaient, pour guérir, plus de temps que la plaie à l'occasion de laquelle ils avaient été si inutilement produits.

Les muscles aussi eurent à subir ces atteintes funestes : après une simple amputation de cuisse, on les voyait blanchir en se crispant sous la morsure phéniquée.

Un mot spécial fut même créé à l'usage de cette mauvaise cause ; *Jambonner* les tissus devint décidément par trop à la mode.

On ne se déclarait satisfait que lorsque la surface desection avait troqué son apparence saine et vivante contre celle d'un jambon d'York!

Au lieu de réserver ces débordements antiseptiques aux cas où il y a réellement quelque chose à désinfecter, on les étendait avec trop de complaisance à tous les cas, oubliant que Pasteur avait démontré l'absence de germes dans les liquides et tissus sains de l'organisme.

Je me souviens encore du temps où la cure radicale de l'hydrocèle vint remplacer les ponctions, suivies ou non d'injections irritantes. On demanda à l'acide phénique ce qu'on attendait auparavant de ces dernières et l'on versa *largâ manu* de la solution forte (5 0/0) dans la vaginale. On obtint l'effet voulu. Pratique excellente lorsqu'elle se borne à irriter les parties qu'on a un réel intérêt à surchauffer, mais déplorable lorsqu'elle dépasse ces limites.

Des flots du liquide modificateur coulant sur le scrotum malmenaient parfois celui-ci de telle manière que ce n'était plus de la douleur très supportable résultant de la séreuse enflammée que se plaignait le malade les jours suivants, mais bien de son tégument externe inutilement corrodé.

Il fallait alors, pendant de longs jours, prodiguer ses soins à un scrotum qui n'avait en rien mérité de semblables épreuves.

La résultante la plus claire de ces pratiques était une réaction beaucoup plus vive qu'elle n'eût été si l'on avait agi avec une sage prudence.

L'abus dont je parle, fâcheux déjà lorsqu'il s'adresse à la peau, aux muscles, devient déplorable lorsqu'il porte sur certains tissus.

La glande thyroïde, par exemple, ne supporte pas

volontiers les agents chimiques dont on l'abreuve trop généreusement. Elle réagit facilement, gonfle et sécrète.

Elle crache pour ainsi dire le caustique qu'on lui impose, et au lieu d'une réunion parfaite et rapide, silencieuse pour ainsi dire, on voit se produire du gonflement, non seulement des bords de la plaie, mais encore des tissus profonds. La région s'empâte; par les drains s'écoule une sanie roussâtre, inodore, plus ou moins abondante, entraînant parfois avec elle quelques flocons, produits de coagulation ou de mortification; il peut même se faire qu'une véritable suppuration s'établisse et compromette pour quelques jours la guérison.

Avec ces procédés, il serait bien imprudent de négliger le drainage ou de le supprimer trop tôt; la rétention de ces produits de révolte conduirait rapidement au phlegmon, ou tout au moins à la désunion plus ou moins totale de la plaie.

Donc, que ceux qui sont encore tentés de forcer la dose antiseptique, surtout vis-à-vis de tissus comme ceux de la thyroïde, soignent leur drainage, et ne négligent rien pour assurer l'écoulement des produits auxquels leur thérapeutique à outrance aura donné naissance.

Certaines circonstances viennent parfois favoriser encore la production d'accidents du côté de la peau : une compression trop forte par un bandage, combiné avec l'action de l'acide phénique, amènera facilement une mortification. J'ai connu une infirmière qui ne pouvait appuyer son avant-bras sur le bord de la table d'opération lorsque celle-ci était mouillée de solution phéniquée, sans voir survenir une profonde escarre. Encore, si les accidents dus à l'acide phénique se bornaient à des lésions superficielles, on pourrait les lui pardonner en raison des bons services qu'il rend d'autre part; mais c'est qu'il est loin d'en être ainsi, et on n'en est plus à compter le nombre de morts survenues par l'intoxication phéniquée.

Il fut un temps où les vases contenant l'urine des malades étaient systématiquement placés sur la table de nuit, afin que le chirurgien pût, en faisant sa visite, constater l'aspect plus ou moins verdâtre du liquide.

Le nouvel agent colorant, acide phényl-sulfurique, offre par lui-même peu de danger; mais il indique au chirurgien que l'acide phénique a été absorbé en quantité déjà notable, et que son usage ultérieur mérite d'être surveillé.

Lorsque l'absorption est poussée trop loin, on voit survenir des accidents : nausées, vomissements, céphalalgie. Des sueurs visqueuses, de la gêne respiratoire, la faiblesse du pouls et l'abaissement de la température sont les précurseurs d'une syncope parfois fatale.

Le danger réside surtout dans le fait qu'on ne peut savoir au juste combien il reste encore d'acide phénique en voie d'être absorbé; aussi, faut-il se hâter d'arrêter dans la mesure du possible cette absorption, en enlevant le pansement, en lavant les plaies et surtout les cavités qui pourraient encore contenir le poison.

Dans l'espérance de favoriser la production de l'acide phényl-sulfurique, on a donné du sulfate de soude aux malades. L'acide sulfurique a également été proposé : tout cela sans bénéfice.

L'abus de l'acide phénique a été poussé si loin, qu'on

a signalé des accidents parmi ses adorateurs, et que quelques-uns d'entre eux, paraît-il, ont souffert d'albuminurie, attribuable peut-être à l'imprégnation phéniquée. On sait aussi, pour en avoir pâti, le danger d'intoxication qu'on fait courir aux malades en prescrivant des solutions phéniquées, même faibles, par la voie rectale.

Des morts par collapsus rapide ont été signalées.

L'exagération dans l'emploi des antiseptiques ne s'est point bornée à l'acide phénique : dès que le sublimé entra un peu profondément dans la pratique, on vit survenir des intoxications souvent fort sévères. Dernièrement encore, on publiait l'observation d'un chirurgien très connu, gravement atteint à la suite de l'usage journalier qu'il faisait du sublimé dans son service.

L'iodoforme, versé pour ainsi dire à la cuillère sur les plaies par certains enthousiastes, fit perdre la tête à des opérés qui avaient joui jusqu'alors de leur saine raison. Les uns guérirent, après quelques atteintes plus ou moins fortes de mélancolie ; tandis que d'autres tombèrent dans une noire tristesse, et finirent par succomber en présentant un ensemble de symptômes vraiment lamentables.

Enfin, chose invraisemblable, on fit un tel abus du pansement au bismuth, qu'il en résulta des symptômes d'empoisonnement très inquiétants ou même mortels.

Tous ces accidents ne sont point regrettables seulement en ce sens qu'ils ont frappé des innocents, mais aussi et surtout par le fait du discrédit qu'ils ont répandu sur la chirurgie antiseptique, et des armes qu'ils ont fournies à ses adversaires.

Que répondre, en effet, à celui qui dirait : je préfère

perdre mes malades de septicémie que de les assassiner avec de l'iodoforme?

Heureusement que les temps dont nous parlons sont passés, et que la *mania antiseptica* a fini par se calmer. Assagis par les revers, les chirurgiens mettent plus de réserve dans leur thérapeutique, et arrivent peu à peu à se passer, dans bien des cas, des redoutables poisons dont ils se servaient à tout propos il y a peu d'années encore.

Remarquons cependant, à la décharge du corps chirurgical dans son ensemble, que les accidents ont surtout été signalés dans la pratique de certains opérateurs, tandis qu'ils sont presque inconnus dans la statistique de leurs confrères.

Cela tend à prouver la vérité de ce que nous disions au début de ce chapitre, à savoir que certains esprits ne sont satisfaits qu'à la condition de dépasser la mesure! D'ailleurs, les insuccès ne condamnent pas la méthode elle-même, mais bien la manière dont elle est comprise et appliquée.

Pour clore ce chapitre, un mot encore sur les inconvénients d'un scrupule théorique excessif. On racontait dernièrement, dans un journal, qu'il est une clinique en Espagne où le chirurgien et ses aides opèrent dans une salle hermétiquement close par une cloison de verre, derrière laquelle se tiennent les élèves désireux de parfaire leur éducation chirurgicale. Il faut avouer que l'idée est assez originale, et que cette clinique vitrée doit ressembler étonnamment à un aquarium ou à la morgue de Paris.

Le jour viendra peut-être où les étudiants, jugés trop infectieux, seront invités à rester chez eux et à ne participer à l'enseignement que par l'intermédiaire du téléphone!

A cette même époque, âge d'or de l'antisepsie, les opérateurs, le corps entièrement rasé et couvert d'un émail facile à désinfecter, les orifices naturels soigneusement obturés avec du coton stérilisé, respireront dans un masque de verre en communication directe avec des flacons laveurs placés dans la cour de l'hôpital!

Gardons-nous de ces écarts, faisons le nécessaire, mais ne discréditons pas la plus belle des conquêtes chirurgicales en la rendant irréalisable à force de complications.

XX

L'ANTISEPSIE A L'ARMÉE

Un chapitre bien intéressant à ajouter à ceux qui précèdent, est celui qui traiterait la question de l'antisepsie dans les armées. Il ne manquerait pas, en tous cas, d'actualité, à une époque où les nations dites civilisées n'attendent que l'occasion d'essayer les unes sur les autres les redoutables engins qu'elles préparent depuis des années. Il importerait, en effet, de savoir si nous sommes aussi bien préparés à panser les soldats qu'à les écharper; mais, malgré mon désir d'aborder un sujet aussi palpitant, je devrai, vu le cadre de cet ouvrage, me borner à en dire quelques mots.

Le progrès antiseptique ne pouvait rester l'apanage exclusif du civil, la chirurgie militaire devait à son tour en faire large profit.

Mais si, comme nous l'avons vu, les pratiques de la nouvelle méthode mirent de longs jours à pénétrer parmi nous, il était facile de prévoir que leur adoption dans les sphères administratives des armées, serait entourée de mille obstacles.

Avant de bouleverser l'ancien régime, il fallait que le nouveau offrît des garanties non seulement de supériorité, mais encore de stabilité exceptionnelles.

Des bons résultats obtenus au civil devait-on conclure à ceux que fournirait la méthode transportée dans les régiments?

Grosse question pleine d'inconnu!

Les progrès furent lents.

Loin de moi la pensée d'accuser nos confrères de l'armée de rester sourds aux idées nouvelles; mais, enserrés comme ils le sont forcément dans un filet administratif à mailles parfois très étroites, ils ne pouvaient manquer de se heurter à des résistances de diverses natures.

On ne transforme pas du jour au lendemain une organisation basée sur des considérations de tout ordre; on ne remplace pas à la légère un matériel combiné de longue date, catalogué, adapté aux nombreuses exigences de la vie des camps, et représentant, en définitive, un capital considérable de travail et d'économie.

Les gouvernements ont chargé de nombreuses commissions d'étudier la question; et de volumineux rapports se sont entassés, cela va sans dire, dans les cartons administratifs. Puis, à cette période de contrôle, a succédé celle d'application. Il a fallu chercher les voies et moyens les plus propres à acclimater l'antisepsie dans la troupe, les ambulances et les hôpitaux.

L'emballage du matériel de pansement, son groupement dans les caisses et les fourgons a été un vrai casse-tête chinois pour ceux qui en étaient chargés, car la place manque toujours en pareille occurence.

Les importants travaux de Reyer et von Bergmann sur la guerre turco-russe nous ont appris toute l'importance du premier pansement, et de la non intervention opératoire sur le champ de bataille.

Ils ont démontré par des statistiques saisissantes tout le désavantage qu'éprouve le blessé à subir des sondages de ses plaies, ou des tentatives d'extraction de projectiles sur la place du premier pansement. Et, en effet, le chirurgien ou ses aides qui perdent leur temps à faire ces opérations, le plus souvent incomplètes, sous le feu de l'ennemi, dans le premier endroit venu, derrière un buisson ou un épaulement de terrain, se trouvent dans des conditions si défavorables à toute intervention opératoire, qu'on ne comprend pas comment il peut leur venir à l'esprit de se laisser aller à ces inopportunes fantaisies.

La seule chose à faire dans ces endroits exposés, c'est d'appliquer un rapide pansement sur chaque plaie et d'expédier en toute hâte les blessés à l'ambulance voisine.

Là encore, il y aura souvent bénéfice à ne rien déranger au pansement, on se bornera à le compléter ou à l'assujettir, et on évacuera sans cesse tous ceux qui sont transportables.

Nusbaum l'a dit il y a longtemps déjà : « *Le sort d'un blessé dépend, ou peu s'en faut, du premier chirurgien qui le panse.* » Rien n'est plus vrai ; aussi, étant donnée l'impossibilité dans laquelle se trouve le chirurgien de première ligne, de se désinfecter à un pareil moment, on ne peut exiger de lui que de protéger les plaies jusqu'en des temps meilleurs, c'est-à-dire jusqu'au moment où le blessé trouvera loin du champ de bataille des installations convenables et des médecins ayant la tranquillité nécessaire pour l'opérer ou le panser à nouveau.

C'est en se rattachant à cette manière de voir qu'on a cherché s'il ne serait pas possible de munir chaque soldat d'un pansement sommaire, et de lui apprendre qu'en cas de blessure il doit immédiatement l'appliquer ou le faire appliquer sur ses plaies.

Ce projet a faire naître, cela va sans dire, de nombreuses objections.

Ces pansements confiés au troupier se détériorent, a-t-on dit; ils se perdent et se gaspillent; en outre, où les mettre, quelle grandeur leur donner?

Toutes ces questions ont été, depuis quelques années, discutées dans toutes les armées, et diversement résolues.

Adoptée en principe, la cartouche chirurgicale a été fortement attaquée en pratique; une des principales difficultés, c'est de faire un choix entre les divers antiseptiques, afin de donner la préférence à celui qui se conserve le mieux; c'est aussi de calculer les pièces de pansement de façon à ne pas embarrasser le soldat, tout en leur conservant des proportions suffisantes pour répondre à la plupart des cas.

L'acide salicylique a été chaudement soutenu; nous avons vu qu'il offre sur d'autres antiseptiques, l'immense avantage de ne pas se détériorer facilement.

L'iodoforme et l'acide phénique ont été aussi préconisés; mais, quel que soit l'antiseptique choisi, l'important c'est d'être certain de le trouver en bon état au moment de l'utiliser; c'est d'un bon enveloppement imperméable du pansement, qu'il faut donc s'assurer tout d'abord.

Quant au poids de la cartouche, il ne doit pas dépasser 25 à 30 grammes, et ses dimensions ne devront pas excéder 12 centimètres en longueur. Le paquet sera aplati et logé, soit dans une poche spéciale de l'uniforme, soit dans sa doublure.

Esmarch a conseillé de composer la cartouche antiseptique de la façon suivante : un triangle de bon coton de grandeur moyenne, deux épingles de sûreté, une bande de gaze de 2 mètres de longueur sur 11 centimètres de largeur et, enfin, deux petits paquets de jute salicylée enfermés dans de la gaze salicylée.

Le soldat devra être renseigné sur la manière de se servir de ce pansement, et sur l'importance qu'il y a pour lui à le conserver intact.

Je crois que la conviction ne sera pas trop difficile à obtenir, et, qu'après quelques essais, doublés des punitions voulues, on arrivera très bien à obtenir du soldat qu'il se soucie du précieux secours qu'on lui offre en le pourvoyant d'un pansement d'urgence qui lui sauvera peut-être la vie et bien souvent quelque membre.

Dans son histoire chirurgicale de la guerre au Tonkin et à Formose, Henri Nimier dit que le pansement auquel on avait le plus souvent recours se composait de gaze iodoformée ou phéniquée, d'une couche de charpie, et de tours de bande. Les résultats ont été médiocres.

Redon propose des plaques de tourbe bichlorurées, feutrées et comprimées, mesurant $0^m,125$ de large sur $0^m,15$ de long et $0^m,01$ d'épaisseur. Sur l'une de leurs faces se trouve de la tarlatane bichlorurée et sur l'autre un carré de toile imperméable de dimensions un peu supérieures à celles de la plaque. Une épingle de sûreté, une compresse et une bande de gaze bichlorurée complètent le paquet.

Un papier imperméable entouré d'une armature et fermé à l'huile siccative protège le tout.

La tourbe a l'avantage, malgré la compression qu'elle a subie, de reprendre aisément son volume normal; elle est très absorbante, et le bichlorure complète le pouvoir antiseptique qu'elle possède déjà par elle-même à un certain degré. C'est donc un bon matériel de pansement, peu coûteux et léger.

Le prix de revient des diverses cartouches proposées est d'environ 30 à 40 centimes.

Quoique les paquets individuels, même les mieux compris, soient passibles de certains reproches, il y a là une idée qui mérite d'être étudiée et perfectionnée. Elle était d'ailleurs mise en pratique spontanément par certains soldats plus prévoyants que les autres; pendant la guerre de 1870, on a trouvé un certain nombre d'Allemands munis de pièces de pansement.

D'autres se contentent de porter des scapulaires et des médailles : une bonne cartouche antiseptique mérite, sinon de les remplacer, tout au moins d'avoir l'honneur de leur voisinage!

Le transport des blessés et du matériel de pansement sera toujours la grosse difficulté de la chirurgie militaire : mais il faut reconnaître qu'on a sensiblement amélioré les conditions qui lui sont faites, en perfectionnant le matériel roulant, les brancards, les tables d'opérations et, en général, tout ce qui constitue le matériel des ambulances fixes ou volantes, et qu'on a rendu possible dans une assez large mesure l'application des antiseptiques. Aussi pouvons-nous prévoir que les blessés de l'avenir n'auront plus, comme en 1870, la terrible perspective d'être pansés avec la hideuse charpie, résidu de vieux linges empestés, déplorable épave de la charité privée!

De belle et bonne ouate, la tourbe de Redon, de la gaze ou de la jute antiseptiques, sont venues la remplacer dans nos cantines; et la conservation des membres atteints ne sera plus, comme jadis, le fait de quelque heureux hasard.

XXII

A MES CONFRÈRES DE LA CAMPAGNE

Je ne saurais me taire, après ces trop longues observations concernant l'antisepsie et l'asepsie, sans adresser quelques mots encore à cette respectable phalange de médecins dévoués qui exercent loin des grands centres.

Les lignes qui précèdent ont dû leur arracher quelques soupirs. Eh! quoi donc? mais si tout ce qu'on nous raconte est vrai, nous sommes désarmés, impuissants, à peine oserons-nous piquer la peau amincie au devant d'un abcès *mûr;* d'intervention quelque peu importante, il ne saurait être question pour nous. Si les microbes menacent à tel point que les innombrables mesures qu'on nous dépeint sont réellement nécessaires, notre rôle est terminé! La lutte devient impossible; il ne nous reste plus, lorsque la santé de nos meilleurs clients l'exigera, qu'à télégraphier aux grands maîtres de la capitale pour implorer leur aseptique intervention, et à nous laver les mains dès leur arrivée, voire même après leur départ!

C'est pour avoir prévu ces objections, parce que je vous connais de longue date, que je sais votre dévouement, votre attachement au malade et tous les efforts que vous faites sans récompense dans la voie du devoir ingrat, que je ne pouvais clore cette causerie chirurgicale sans dissiper les impressions décourageantes qui pourraient se dégager pour vous de ce que vous venez de lire. Au village, à la campagne, les conditions dans lesquelles vous évoluez sont si différentes de celles que nous rencontrons dans les villes, qu'il faudrait, pour bien faire, écrire un livre tout entier à votre intention.

Mais vous saurez bien, habitués comme vous l'êtes à vous tirer des situations les plus difficiles, lire entre les lignes, et extraire des pages précédentes ce qui peut vous convenir. La légende, la tradition, et, mieux encore, les observations prises par vos devanciers, vous ont transmis une certaine confiance dans la pureté de l'air de vos campagnes. Tout vous a dit et prouvé que, chez vous, les blessures guérissaient ordinairement bien, à condition toutefois que leur marche vers la réparation ne soit pas entravée par des traitements inavouables.

Vous ne connaissez pas l'encombrement si funeste aux opérés; et vos pères, alors qu'on perdait 90 0/0 d'amputés de cuisse dans les hôpitaux, les guérissaient bien souvent.

Vous êtes donc privilégiés sous plus d'un rapport; mais ce doit être pour vous un encouragement, non un oreiller de paresse.

L'antisepsie, pour moins nécessaire qu'elle soit à la campagne, est cependant indispensable; la négliger serait vous exposer à bien des déboires.

Mais il est avec le ciel des accommodements ; et vous n'avez que faire, évidemment, de toute la mise en scène des grandes cliniques.

Quelques précautions simples, pratiques, accompagnées d'un arsenal instrumental bien choisi, vous mettront en mesure de faire beaucoup avec peu !

La désinfection des instruments à la maison est chose facile, à la portée de tous ; avec du soin et de la patience, on arrive, même sans étuve, nous l'avons vu, à une propreté très convenable.

Munissez-vous pour le transport des instruments d'une de ces boîtes de métal composées de deux plateaux creux qui se servent réciproquement de couvercle, et qu'on trouve aujourd'hui chez tous les fabricants. Une plaque d'ouate placée sur les instruments et les débordant de toutes parts, assurera sa fermeture hermétique et protégera son contenu.

Arrivés à destination, vous nettoierez le malade suivant toutes les règles : la chose n'est guère plus difficile à la campagne qu'ailleurs. Puis vous vous ferez donner deux cuvettes ou grands plats, et deux assiettes creuses.

Dans l'une des cuvettes vous placerez des tampons de gaze hydrophile, dans l'autre une solution sublimée au 1/2000.

Dans une assiette, vous disposerez vos ligatures de catgut et la bobine de verre sur laquelle la soie à suture est enroulée.

Vous ne déroulerez celle-ci qu'au moment de faire les sutures, c'est-à-dire à la fin de l'opération, pour ne pas risquer d'embrouiller catgut et soie. — Le tout baignera dans une solution phéniquée à 3 0/0 ou de sublimé à 1/000.

Dans la seconde assiette, placez les instruments délicats : aiguilles, bistouris, etc.

Vous laisserez dans les couvercles de la boîte les autres instruments, en mettant de préférence toutes les pinces ensemble.

De l'opération elle-même je n'ai pas grand'chose à vous dire : soignez l'hémostase et le drainage ; la bande d'Esmarch vous tiendra souvent lieu d'un aide précieux, et reléguez à l'arrière-plan le fantôme hémorragie, qu'on a si complaisamment agité devant vos yeux durant vos études.

Cette tendance des maîtres en anatomie, de revenir à tout propos sur des anomalies rares et souvent peu intéressantes, fait en somme plus de mal que de bien. S'il était possible de compter le nombre d'individus morts de hernie étranglée, par exemple, faute d'avoir été opérés, ils regretteraient, ces maîtres diserts, de s'être si complaisamment étendus sur la trop célèbre anastomose de l'épigastrique et de l'obturatrice.

Que de bistouris n'ont-ils pas fait trembler, qui auraient été plus vaillants sans la connaissance de cette *colle d'examen !* Ne vous en souvenez donc que comme d'un cauchemar d'écolier, et n'hésitez pas à opérer séance tenante les hernies que vous ne pouvez réduire autrement. La seule chose importante au moment du débridement, c'est d'appuyer avec le bistouri et non de scier. De la sorte, si même votre tranchant porte sur une artère malencontreuse placée devant lui, il la repoussera sans la couper, tandis que l'agent d'étranglement, beaucoup plus dur, sera entamé avec la plus grande facilité.

A la suite de vos amputations, n'oubliez pas le pansement de Guérin, appliqué par-dessus quelque topique recommandable, tel que la poudre antiseptique de

Championnière ou la gaze iodoformée; le malade reposera tranquille, et vous aussi.

Vos visites pourront être rares; et, lorsque vous ouvrirez le pansement au bout de cinq à six jours, pour enlever drains et sutures, vous trouverez le plus souvent un moignon en bel état, très capable de guérir sous un seul pansement.

Appelés très tard auprès de blessés ou de malheureux ayant subi les derniers outrages du pansement sale, vous avez souvent à lutter contre des suppurations diffuses, des phlegmons étendus.

Là encore la crainte de l'hémorragie ne doit pas vous arrêter; ouvrez largement, irriguez de même; n'ayez pas toujours présentes à l'esprit ces célèbres arcades profondes ou superficielles. La peau de la main une fois incisée, débridez avec un instrument mousse : le dilatateur de Tripier est parfait; il écarte les tissus, et permet de placer le plus simplement du monde un drain à travers les régions réputées dangereuses.

Pour les fractures compliquées, si vous n'avez pas de plâtre sous la main, vous vous trouverez bien encore d'une application iodoformée recouverte d'un fort pansement ouaté, soutenu par quelques attelles. Mais procédez à une désinfection soignée des moindres recoins du foyer de fracture.

N'oubliez pas tout ce que la terre de route ou de jardin recèle d'organismes particulièrement virulents, et n'hésitez pas à faire au moyen des écarteurs, ou même du bistouri, une place suffisante pour permettre à un courant de solution antiseptique de balayer jusqu'aux moindres parcelles de ces dangereux corps étrangers.

Je me souviens d'avoir été appelé auprès d'un

homme atteint d'une fracture exposée de la jambe : les os, après avoir percé la peau, avaient touché la terre; mais, chose plus grave, un rebouteur appelé avait réduit la fracture, sans débarrasser les fragments de la terre qui les recouvrait; mieux encore, il avait étalé avec soin sur ces mêmes extrémités osseuses une pommade rougeâtre, destinée sans doute à hâter la formation du cal.

Le membre réduit était, lorsque j'arrivai, assez convenablement maintenu dans un appareil à attelles.

Mis au courant de ce qui venait de se passer, par une personne intelligente et peu confiante en la puissance des onguents à propriétés solidifiantes, je n'hésitai pas à endormir le blessé et à reproduire la fracture; je trouvai non seulement les os enduits de la fameuse pommade, mais encore du sable, du gravier en plein foyer de fracture.

Le nettoyage fut long, minutieux et difficile, mais le malade échappa à tous les accidents qui le menaçaient, et marche très bien aujourd'hui.

Cette observation est destinée à montrer jusqu'où doit aller le souci de la désinfection en pareil cas. Elle est faite pour encourager le chirurgien dans la voie de la conservation, alors même que les circonstances les plus défavorables paraîtraient s'être donné rendez-vous pour amener une catastrophe.

Dans nombre de cas, l'important est de soustraire la plaie aux investigations de paysans inquiets et curieux, surtout aux redoutables baumes des commères et des mèges.

Dans la pratique des accouchements, ne laissez pas faire d'injections, même par des sages-femmes; tenez-vous pour satisfaits si vous avez pu leur apprendre à se laver les mains, à changer les draps souillés, et à passer une ou deux fois par jour sur la vulve un tampon d'ouate trempé dans le sublimé à 1 0/00.

Ce lavage sommaire est agréable, utile et le plus souvent suffisant. Un bon paquet d'ouate antiseptique devant la vulve complètera les soins exigibles.

Si des températures élevées vous font prévoir une infection, n'hésitez pas à pratiquer le lavage intra-utérin avec un bon instrument.

Les sondes à double courant sont mauvaises : il faut que le retour des liquides soit absolument assuré; ce n'est qu'à cette condition que les intoxications qu'on signale trop souvent ne risquent guère de se produire.

Permettez-moi de vous signaler un instrument que j'ai fait construire, il y a quelques années déjà, dans le but de bien remplir les indications que je viens de rappeler. Ce qui m'encourage à le faire, c'est que plusieurs d'entre vous qui l'ont adopté m'en disent souvent les mérites, ce qui, amour-propre d'auteur à part, est bien fait pour m'engager à vous le présenter.

Cet instrument, qu'on désigne sous le nom de dilatateur-irrigateur utérin, se compose de deux branches, longues de 29 centimètres environ, réunies par une articulation à pivot. En arrière de cette articulation, les branches s'inclinent légèrement pour se terminer par deux anneaux.

Une crémaillère, située à quelques centimètres de ceux-ci, permet que l'instrument reste ouvert lorsque la pression des doigts l'a amené au point voulu.

La branche droite, percée d'une large fenêtre près de son extrémité, représente un cathéter de moyen volume, qui s'abrite dans la branche gauche creusée en gouttière pour la recevoir.

L'emploi de l'instrument est fort simple.

Facile à introduire dans l'utérus, vu sa forme conique, on l'y pousse doucement; puis on écarte les branches; la crémaillère maintient cet écartement. Pendant que l'opérateur soutient de la main gauche l'instrument, il lui est facile d'y ajuster l'extrémité d'un tube de caoutchouc, qui descend d'un récipient placé à un ou deux mètres au-dessus du champ opératoire.

Le liquide pénètre facilement dans la matrice, et en ressort d'autant plus aisément que les branches ont été plus écartées.

On peut de la sorte, sans le moindre danger, faire de copieux lavages de la cavité utérine, en étant parfaitement assuré du retour complet du liquide laveur. Ici on n'a pas à craindre, comme avec les sondes à double courant, qu'un caillot vienne obstruer les voies de retour, puisque celles-ci sont représentées par le large écartement des branches.

Une chose encore à laquelle on ne saurait trop prendre garde, c'est la propreté des mains et des ongles des accouchées.

Il faut y tenir rigoureusement, car la femme qui vient d'accoucher, et dont les seins gorgés de lait sont douloureux, y porte forcément les mains si quelque démangeaison l'incommode, ce qui est fréquent. Un coup d'ongle est bientôt donné; et, de ce mamelon écorché par des doigts de propreté douteuse, partira volontiers quelque lymphangite, bientôt suivie du développement d'abcès profonds.

Que d'ennuis on peut éviter à tout le monde en songeant à ces détails minimes en apparence, en réalité très importants!

Mais je m'arrête, en reconnaissant toutefois que malgré tout, la pratique de la chirurgie à la campagne est chose laborieuse, et nécessite de votre part de sérieuses qualités et des connaissances étendues. Je serais heureux si la lecture des lignes qui précèdent pouvait vous rendre quelque service.

XXII

CONCLUSION

L'infection doit être combattue, non seulement au voisinage immédiat des malades, dans les hôpitaux, mais partout où elle se rencontre et où il est possible de l'atteindre.

Avant peu d'années sans doute, comme on a demandé « le tout à l'égout », on demandera « le tout à l'étuve », ce qui vaudra infiniment mieux, soit dit en passant.

On incinérera enfin les morts, et on désinfectera réellement les vivants.

Le grand danger de la diffusion de la plupart des maladies réside dans le contact avec les déjections et les expectorations des malades, comme aussi avec les habits qu'ils ont portés et les objets de literie qu'ils ont souillés.

Les exemples de contagion directe, lorsqu'on les cherche attentivement, s'affirment chaque jour davantage. Le laboratoire, la clinique, et les progrès de l'hygiène publique, en fournissent des preuves multiples, et cependant on tarde terriblement à mettre en usage les moyens reconnus les meilleurs.

La diphtérie sévit dans une école : on ferme l'école à condition qu'un certain nombre d'enfants aient été frappés. On lave les murs, les bancs, le plancher ; puis, lorsqu'un calme relatif est constaté dans la violence de l'épidémie, c'est-à-dire lorsque plusieurs sont morts et que quelques autres ont guéri, on rouvre l'école. Les habits des victimes ont passé de leurs épaules sur celles des vivants ; et tout ce petit monde grouille de nouveau, insouciant, mais porteur de nombreux microbes. La salle s'infecte et l'épidémie recommence.

Six mois d'interruption et les plus minutieux lavages des murs et des bancs ne parviendraient pas à arrêter le fléau qui vient d'ailleurs, des vêtements surtout, dont on n'a pas assuré la stérilisation avant de les remettre en circulation.

Et ce qui est vrai pour la diphtérie, l'est pour la rougeole, la scarlatine et tant d'autres affections qu'on pourrait enrayer, si les saines notions de la désinfection étaient mises en pratique.

De grands progrès ont été faits, nous dira-t-on. Oui certes ! Les hommes de science se dépensent jour et nuit pour prouver, par des séries d'expériences conduites avec la plus persistante rigueur, que le mal existe, qu'il se cantonne dans tel endroit, et que telles sont les armes qu'il faut fourbir pour le déloger.., et on attend, on tarde, on laisse faire.

Quelques machines transportables ont été essayées ; on a proclamé leur valeur, mais on s'en sert peu ou pas. La routine et l'insouciance leur barrent la route.

Quand on aura compris, dit et répété que c'est sur place qu'il convient surtout de désinfecter ce qui a touché le malade, on imposera à tout propriétaire l'obligation d'installer dans sa maison une étuve à la disposition de tous les locataires, sous la surveillance d'un homme auquel on en aura appris le maniement. Lorsque la police, avertie par le médecin, par les voisins intéressés, ou par la famille elle-même, qu'une épidémie a fait son apparition dans une maison, elle enverra des hommes spéciaux surveiller l'exécution de règlements appropriés, concernant le bon fonctionnement de l'étuve.

Et le public, qui finira par comprendre que son véritable intérêt est là, veillera lui-même à l'exécution de ces ordres de salut commun.

Tant qu'il n'aura pas saisi l'utilité de ces mesures hygiéniques, il faudra se résoudre à les lui imposer.

L'homme qui vit en société n'est pas libre, bien qu'il le clame sur tous les tons; ou du moins sa liberté s'arrête là où elle commence à compromettre celle des autres.

On vaccine de force, on enterre de force, on exhume de force; on arrivera, il faut l'espérer, à étuver et à crémer de force et... tout le monde y gagnera... sauf les médecins, mais qu'importe!

En somme, la chirurgie actuelle a bien mérité de l'humanité.

Longtemps reléguée au second plan, elle n'avait, pour la représenter, que des barbiers parfois adroits, mais toujours ignorants, et sa thérapeutique consistait en quelques moyens empiriques, fruits du hasard; nous l'avons vue sortir peu à peu de cette situation inférieure, pour s'élever au rang de science, rattrapant ainsi la médecine, qui la tenait d'ailleurs en médiocre estime.

Une fois entrée dans le rang comme science définitive et acceptée, elle commença à progresser; mais, nous l'avons constaté, elle était, il n'y a pas bien longtemps encore, fort pauvre en résultats présentables; aussi la révolution produite par l'arrivée de l'antisepsie marque-t-elle de beaucoup le plus grand et le plus rapide progrès connu !

Il est même impossible que la chirurgie refasse jamais un saut pareil, tout au moins en ce qui concerne la conservation des malades ; l'arithmétique s'y oppose, car, alors qu'on perdait 80 0/0 d'amputés, on arriva bientôt à n'en perdre que 15 0/0 et moins encore; la différence est donc trop grande pour qu'on puisse, en aucun temps et par aucun moyen, remporter de nouveau semblable victoire.

Mais ce triomphe chirurgical eut une contre-partie regrettable; après avoir fait le siège d'une ville, il n'est pas très humain de la livrer au pillage : c'est pourtant ce qui eut lieu!

Lorsque la chirurgie se sentit armée contre l'infection, elle fut prise d'un enthousiasme si exagéré, que l'étude de la médecine opératoire quitta pour ainsi dire l'amphithéâtre, pour se transporter dans les salles de malades.

On opéra à tort et à travers; ce furent de véritables hécatombes d'articulations; le ventre s'ouvrit pour satisfaire de puériles curiosités. Qui dira jamais combien la castration arbitraire supprima d'ovaires, et combien de matrices presque innocentes furent condamnées sans appel?

Chose plus grave, on opéra des malheureux, qu'une intervention aussi habile qu'antiseptique ne pouvait certainement pas avoir la prétention de sauver.

Bref, affolée par ses succès immédiats, la chirurgie perdit l'équilibre, et versa dans de coupables exagérations.

Le bon sens clinique, qui nous fait peser le pour et le contre, et qui doit toujours plaider la cause du malade, sembla un instant disparu.

Et il ne fallut pas moins que des statistiques sérieusement faites, au bout de quelques années, pour remettre les choses au point, en faisant toucher du doigt l'inanité de services soi-disant rendus.

On proscrivit alors certaines interventions trop hardies; on reconnut qu'il ne fallait pas les tenter avan tel âge, ou qu'il fallait y renoncer à partir de tel autre; et on prouva clairement que nombre de procédés opératoires, prématurément adoptés grâce à l'enthousiasme du moment, devaient retomber dans l'oubli.

Il est à espérer que la crise est passée, et que l'heure des derniers écarts a sonné.

TABLE DES MATIÈRES

SCEAUX. — IMPRIMERIE CHARAIRE ET Cie.

Bulletin

DES

Annonces

www.ingramcontent.com/pod-product-compliance
Ingram Content Group UK Ltd.
Pitfield, Milton Keynes, MK11 3LW, UK
UKHW021129260726
13994UKWH00001B/63